a^e

colección acción empresarial

LOS PRINCIPIOS
DEL ÉXITO HOY

Mac Kroupensky

LOS PRINCIPIOS DEL ÉXITO HOY

MADRID   BARCELONA
MÉXICO D.F.   LONDRES   MUNICH

Comité Editorial de México: Presidente: Julio de Quesada
Ignacio Aranguren, Carlos Alcérreca, José DelaCerda Gastélum, Marcelino Elosua,
Jorge Fabre, María Fonseca, Alfonso González, Agustín Llamas y Jorge Smeke.

Colección Acción Empresarial
Editado por LID Editorial Mexicana
Homero 109, 1405. México DF 11570
Tel. +52 (55) 5255-4883
info@lideditorial.com.mx
LIDEDITORIAL.COM.MX

A member of BPR

businesspublishersroundtable.com

EAN-ISBN13: 9786077610113
Editora de la colección: Helena López-Casares
Editora en México: Elvia Navarro Jurado
Asistente editorial: Amanda Solís Tapia
Diseño de portada y formación: Luis Andrés Gómez
Impresión: Sigar
Primera edición: mayo de 2010

Índice

Primera parte
Principios humanos

1 | El nuevo orden

2 | Hermanos que inspiran

3 | Principios íntimos

Segunda parte
Principios profesionales

1 | Conviértete en un gran director

2 | Principios del vendedor del siglo XXI

3 | Pon al ser humano al centro del negocio

¿Por qué Mac?

¿Por qué Mac Kroupensky? Porque es un hombre inteligente que nos hace reflexionar sobre los temas más importantes. Si bien lo conocí originalmente como un especialista en temas de administración y organización de empresas, su amplitud de visión lo ha llevado a abordar con los mismos instrumentos temas muy diversos de la actividad humana. Si hubo gente que en algún momento lo calificaba de un filósofo de la empresa, hoy se ha transformado en un verdadero filósofo del ser humano.

¿Por qué Mac Kroupensky? Porque es un hombre dispuesto a ver los temas desde puntos de vista inusitados. No se conforma con repetir lugares comunes. Escarba en la información para obtener ese dato especial que nos permite darle una dimensión especial a aquello que todo el mundo se había acostumbrado a ver de alguna manera. Porque no se conforma con la sabiduría heredada que se convierte en dogma. Porque es un innovador.

¿Por qué Mac Kroupensky? Por su sentido del humor. Por su negativa a darse a sí mismo la importancia que los gurús del mundo de los negocios se dan a sí mismos como coraza protectora. Por su capacidad para escuchar y seguir aprendiendo a pesar de ser un experto reconocido.

¿Por qué Mac Kroupensky? Por su forma amena de expresar sus puntos de vista sobre los temas serios y profundos. Por hacernos · sonreír en asuntos en que quizá las lágrimas o la exasperación serían más comunes.

¿Por qué Mac Kroupensky? Porque es un gran maestro. Porque estudia a fondo los temas que toca. Porque acude siempre a una bibliografía actualizada e interesada. Porque en un mundo de publicaciones sabe encontrar siempre esos pocos libros, esos pocos artículos, que son realmente originales.

¿Por qué Mac Kroupensky? Porque es un pensador de una inteligencia excepcional. Porque es un hombre del Renacimiento que con facilidad asombrosa se mueve de un campo a otro del conocimiento. Porque en un tiempo de especialización, y a pesar de su propio conocimiento concreto, sabe reconocer la importancia del generalista.

¿Por qué Mac Kroupensky? Porque es humano, profundamente humano. Porque es un hombre que se preocupa por sus seres queridos, por sus amigos, por sus colegas. Porque es un hombre que entiende el sentido del amor y de la amistad.

¿Por qué Mac Kroupensky? Simplemente porque se me antoja. Porque me gusta. Porque no hay momento en que al escucharlo o leerlo no haya aprendido algo importante de él.

Sergio Sarmiento
Periodista y escritor

Dedicatoria

A Françoise, Natasha y Mac

Françoise, gracias por compartir tu vida conmigo. Eres un regalo de Dios. Llegaste a mi vida y me forjaste con tu amor, sabiduría y tenacidad. Sin ti no sería ni la mitad de lo que soy.

Natasha, gracias por tu alegría y talento. *You are the sunshine of my life.*

Mac, gracias por enseñarme con tu vida a ser padre y con tu muerte a ser humano.

Agradecimientos

A mis queridos, Sergio Sarmiento y Lupita Juárez, que me inspiraron a siempre estar buscando temas relevantes que les podrían sorprender en mi sección «Estrategias de Éxito», en su noticiero en Radio Red.

Agradezco también a Jorge Sánchez de Multimedia Corporativa.

Introducción

El éxito te espera con los brazos abiertos

Vivimos en una época extraordinaria, llena de oportunidades para ser, crecer y triunfar. Pero, para alcanzarlas, y ser un gran hombre o mujer de negocios, primero hay que ser un gran ser humano.

Para iniciar nuestra aventura quiero invitarte a pensar en forma positiva. A ver el vaso medio lleno y no medio vacío. Naciste para ser feliz. Te espera todo el éxito y toda la dicha que seas capaz de concebir y aceptar. ¡Déjate querer!

En las siguientes páginas trato temas que han sido fundamentales en mi vida para crecer personal y profesionalmente. Quiero compartirlos contigo, con la esperanza de que te sean tan interesantes, importantes y trascendentes, como lo han sido para mí.

El libro está estructurado en pequeños apartados de fácil lectura, que inician con una pregunta y concluyen con una invitación a la reflexión, así como con la respuesta. Para sacarle el máximo provecho, por favor, al terminar cada uno, dedica un momento a pensar cómo puedes aplicar en tu vida lo aprendido.

Idealmente, deberías acompañar el libro con un cuaderno de reflexión y propósito, en el que apuntes todas las ideas que te vengan a la mente y los pasos a seguir para convertirlas en realidad.

El libro está dividido en dos partes:

La primera está dedicada a los principios humanos, en ella se incluyen los capítulos: El nuevo orden, que presenta las actuales transformaciones económicas, políticas y sociales; Hermanos que inspiran, habla de la visión, pasión y coherencia de grandes seres humanos; Los principios íntimos no recuerda que la felicidad nos llama siempre.

La segunda parte del libro trata los principios profesionales, y está dividida en cuatro secciones. Cómo convertirte en un gran director; la importancia de poner al ser humano al centro del negocio; por qué hay que abrazar la sustentabilidad; y cómo hacer trabajar la tecnología para ti y convertirte en el agente de confianza de tu industria en la era digital.

El libro inicia con un fascinante estudio de la Organización de las Naciones Unidas sobre el «Estado del Futuro», que analiza no sólo lo que está mal en el mundo, sino sobre todo lo que está bien, y qué podemos hacer para asegurar un futuro próspero para todos los seres humanos sobre la Tierra. Así, descubrirás que están pasando cosas extraordinarias, que hoy existen grandes oportunidades para crecer, triunfar y dejar huella. Analizaremos juntos por qué para lograr ser realmente exitoso en la actualidad, hay que cambiar muchos de nuestros paradigmas, es decir, las ideas preconcebidas que tenemos, y así liberar nuestro talento e iniciativa para ser todo lo que podemos y debemos ser.

Conocerás también importantes hallazgos de la nueva ciencia de la felicidad, que enseña cómo educar de verdad para formar seres humanos más coherentes, eficientes y felices. Verás cómo cambiarán los empleos durante este siglo y las grandes oportunidades que ofrece desarrollar determinadas habilidades.

Al final de esta sección te presentaré nuevos avances científicos y tecnológicos que invitan a reflexionar sobre la ciencia, la conciencia y la maravilla de estar vivos en esta extraordinaria época, en la que la ciencia supera la ficción.

Posteriormente, conocerás datos maravillosos de Leonardo da Vinci, Mahatma Gandhi y Viktor Frankl, quienes han sido inspiración en mi vida, y que espero, igualmente, lo sean para ti. También te presentaré a tres personajes de la actualidad que me encantan: el científico inventor más admirado por Bill Gates y Bill Clinton: Ray Kurzweil; el billonario rebelde Richard Branson; y el presidente de empresa más verde del mundo Ray Anderson. Estoy seguro que te inspirarán.

La tercera sección tiene que ver con la conquista de la felicidad a través de los principios íntimos que nos forjan como personas y nos preparan para el éxito. Porque hoy más que nunca, para ser un gran ejecutivo o ejecutiva y para triunfar en el mundo de los negocios, primero hay que ser un gran ser humano.

Empezamos analizando cuatro temas fundamentales, a los que, habitualmente, no les damos la importancia que merecen, y que son la base para construir una vida equilibrada y feliz. Aprenderás a dominar el ego, manejar el estrés, afrontar el miedo y liberarte del rencor.

A continuación te llevaré a través de un viaje al poder de la alegría, compartiendo contigo mi experiencia con el yoga de la risa, conocerás algunos ejercicios que utilizo en mis conferencias para relajar a los participantes y fortalecer el espíritu de grupo.

Entonces estarás listo para aprender el poder de la visualización del éxito, que consiste en tomar todo lo bueno en ti y transformarlo en una realidad que te permitirá enfrentar la vida con sabiduría, alegría y tenacidad, a fin de lograr todo lo que te has preparado para recibir.

Por último, en esta sección compartiré contigo un tema muy personal: mi querido hijo Mac quien murió de cáncer en 2006, a los 20 años de edad. En este capítulo te explico lo que aprendí al acompañarlo en su muerte, acerca del regalo de la vida y lo importante que es amar profundamente, hasta el último suspiro.

La segunda parte del libro trata los principios profesionales y el fascinante mundo de los negocios, descubriendo las extraordinarias oportunidades que existen en el mundo actual.

Conocerás las habilidades que requiere el ejecutivo en este nuevo mundo para sobresalir. Aprenderás a formular tus propias estrategias ganadoras, estudiando junto conmigo empresas como Nokia, Harley-Davidson, Apple, Honda, Starbucks, Best Buy y Cemex, entre otras, que nos enseñan la nueva forma de hacer grandes negocios.

También verás un par de casos que te permitirán comprender la fuerza de la colaboración en acción. Descubrirás cómo Toyota utilizó la colaboración con sus empleados para convertirse en la empresa automotriz más rentable del mundo, y cómo Procter & Gamble se reinventó a través de la colaboración con proveedores, instituciones y redes virtuales, para posicionarse nuevamente como el líder en el siglo XXI.

Después entraremos en el fascinante mundo de la sustentabilidad. Verás edificios que respiran, duermen, despiertan y son bellos. Nuevas tintas hechas con nanotecnología, que generan energía solar limpia, barata y abundante. Conocerás la biomimética, una nueva ciencia industrial que está creando extraordinarios productos observando y copiando la naturaleza. Y verás casos de proyectos turísticos sustentables en México y el mundo.

Finalmente cerraremos penetrando en el mundo de la tecnología y revisaremos cómo hacerla trabajar para ti. Verás cómo una empresa en Japón la utiliza para predecir mejor que nadie lo que quieren sus clientes y así asegurarse un futuro brillante. Conocerás a los mayordomos cibernéticos, que rápidamente se están convirtiendo en nuestros aliados, para brindarnos una vida más segura y saludable.

Concluiremos con una pequeña guía de cómo crear tu sitio de Internet y cómo ligarte a la red social de negocios más grande del mundo.

Por último, déjame insistir sobre la importancia de tener un cuaderno de reflexión y propósito para acompañar la lectura de este libro. Es un hecho que, si simplemente lo lees, te dará algunas ideas y te hará reflexionar; sin embargo, en poco tiempo se te olvidará, y no capitalizarás el conocimiento. En cambio, si abres un cuaderno donde apuntes todas las ideas, planes y propósitos que te inspira, le sacarás mucho más provecho. Como punto de partida te recomiendo que, al terminar cada capítulo, te dispongas a responder a las siguientes preguntas:

- ¿Qué puedo aprender de este caso?

- ¿Por qué es importante?

- ¿Cómo puedo aprovechar este conocimiento?

- ¿Qué beneficios me podrá brindar, al trasladarlo a mi realidad y aplicarlo?

- ¿Qué beneficios le brindará a los demás?

- ¿Cuál es la primera acción que tengo que realizar para encaminarme en la dirección correcta?

¿Cómo ves? es mucho terreno por recorrer, pero todo apunta en una misma dirección; conviértete en un gran ser humano capaz de aprovechar las extraordinarias oportunidades que ofrece el momento actual.

Recuerda que el éxito y la felicidad te esperan con los brazos abiertos, al aplicar desde hoy los principios de este libro, que han sido probados por las personas más exitosas de nuestro planeta.

Disfruta el viaje.

McNeely Kroupensky
Mayo de 2010

Trece principios básicos

Los principios son básicos para edificar una vida próspera y feliz. Estos son trece principios que han sido fundamentales en mi vida.

Te invito a meditar sobre cada uno de ellos y a pensar en los principios importantes para ti.

1. Sigue tu corazón.

   - Para triunfar en la vida, hay que tener un sentido de vocación. Esto es, creer que lo que hacemos añade valor y vale la pena. Esto nos da la fuerza para enfrentar todos los obstáculos de la vida con sabiduría y determinación.

2. Sé valiente.

   - La vida se postra ante los valientes que la enfrentan con decisión y valor. Vence el miedo. No te dejes paralizar. Enfréntalo y verás cómo se esfuma como un fantasma.

3. Sueña.

   - Si le pides poco a la vida, te dará poco; si le pides mucho, te dará mucho. Cree en ti y trabaja duro, y recibirás todo lo que has soñado.

4. Prepárate.

   - La oportunidad se nos presenta cuando estamos preparados para verla y asumirla.

   - Prepárate todos los días de tu vida. El conocimiento que adquieres es tu verdadero tesoro. No lo puedes perder, ni te lo pueden robar.

5. Adquiere autodisciplina.

- Probablemente el reto más grande que enfrentamos es lograr el autocontrol. Somos al mismo tiempo nuestro mejor amigo y nuestro peor enemigo. Para triunfar hay que adquirir buenos hábitos.

- Recuerda que primero definimos nuestros hábitos y después nuestros hábitos nos definen. Disciplínate. Desarrolla hábitos que te conviertan en una persona extraordinaria, equilibrada y feliz.

6. Cuida tu salud.

- No podemos alcanzar el éxito sin salud.

- La buena noticia es que tenemos mucho más poder sobre nuestra salud de lo que imaginamos.

- Hay que aprender a relajarnos. Más de 80% de todas las enfermedades son psicosomáticas, esto es, creadas por nuestra mente.

- También hay que aprender a comer correctamente, déjame decirte que es mucho más fácil de lo que imaginas, aun a pesar de nuestras ajetreadas vidas. Nuestro cuerpo es maravilloso, rápidamente se acostumbra y aprende a saborear lo que le damos de comer. ¡Atrévete!

- No olvides hacer ejercicio, dos o tres veces a la semana bastan. Es fácil, agradable y estimulante.

7. Decídete.

- Muchas personas fracasan porque están esperando el momento perfecto para hacer las cosas. Nunca hay un momento perfecto.

- Deja de preocuparte y empieza a ocuparte. Arranca con lo que tienes y conforme avances, aparecerán nuevas y mejores herramientas y oportunidades.

8. Persevera.

- La mayoría de nosotros somos muy buenos para empezar, pero muy malos para terminar. No finalizar nuesros proyectos nos genera insatisfacción y frustración.

- La gente fracasa porque se da por vencida muy fácilmente. Los sueños se alcanzan enfrentando numerosos obstáculos. No te des por vencido a la primera.

- La tenacidad es el factor crítico del éxito; pesa más que la inteligencia, el talento o la personalidad.

9. Sé positivo.

- Nuestra mente es poderosa. Tenemos la libertad de decidir cómo vamos a reaccionar frente a todos los acontecimientos de nuestra vida. Puedes decidir ver el vaso medio lleno o medio vacío.

- Buscar el lado bueno en las cosas te hará fuerte y te dará el ánimo para sobreponerte a cualquier circunstancia, por difícil que sea.

10. Ahorra.

- Hay que ahorrar. Aunque vivimos en un mundo de consumo y estamos bombardeados constantemente por publicidad que nos invita a gastar y endeudarnos, vivir dentro de nuestras posibilidades es un acto de sabiduría.

- Tener un poco de dinero ahorrado nos da tranquilidad y la posibilidad de afrontar problemas y capitalizar oportunidades cuando se presentan.

- Si no tienes ahorros, tienes que tomar lo que venga y normalmente no es ni lo mejor, ni lo más satisfactorio.

11. Sé entusiasta.

- El entusiasmo es contagioso y la persona que lo tiene normalmente es bienvenida en todas partes.

- Sin entusiasmo no vas a convencer a nadie, ni a ti mismo.

12. Colabora.

- La mayoría de la gente que fracasa, lo hace porque no supo colaborar.

- Hoy, más que nunca, saber colaborar con otros es la piedra angular del éxito.

13. Sé honesto.

- En la era que vivimos, la gente que abusa es rápidamente desenmascarada y desprestigiada.

- Este último principio es también el primero, porque hay que tratar al otro como nos gustaría ser tratados.

¿Cuáles son los más importantes para ti?

Haz tu lista y ponla en un lugar visible, para recordarte todos los días que las grandes oportunidades te esperan al tener principios bien cimentados.

Primera parte
Principios humanos

1

El nuevo orden

Para ser un gran ejecutivo,
primero hay que ser un gran ser humano

1. Existe esperanza para el mundo

Pregunta: ¿Qué es el Proyecto del Milenio?

1. Un desarrollo inmobiliario multimillonario.

2. Un análisis sobre el «Estado del Futuro».

3. Un programa sobre extraterrestres.

Creo que un buen lugar para empezar nuestro viaje es revisando el Proyecto del Milenio, uno de los estudios más serios y profundos que existen acerca de cómo afrontar los grandes retos que amenazan a la humanidad. Inició en 1992 y desde 1997 publica un reporte anual denominado el «Estado del Futuro».

El proyecto cuenta con la colaboarción de 2,500 expertos futuristas de alrededor del mundo y es auspiciado por la Organización de las Naciones Unidades, el ejército de Estados Unidos, la Organización de las Naciones Unidas para la Educación, la Ciencia y la Cultura, (UNESCO), el Banco Mundial y Fundación Rockefeller, entre otros.

El reporte va siguiendo, año con año, lo que ha denominado «Los quince retos globales». Éstos son:

1. Democracia

2. Población y recursos naturales

3. Crimen organizado

4. Ciencias de la tecnología y convergencia digital

5. Salud

6. Pobreza

7. Terrorismo

8. Derechos de la mujer

9. Energía

10. Cambio climático

11. Ley y ética

12. Agua limpia

13. La brecha entre ricos y pobres

14. La guerra y la paz

15. Perspectivas de largo plazo

En 2009, el reporte de 6,700 páginas nos informa que la vida, para la gran mayoría de los seres humanos alrededor del mundo, ha venido mejorando año con año, aunque la crisis financiera de 2008 y 2009 disminuirá un poco la velocidad del progreso.

También nos advierte que los gobiernos no están entendiendo cómo capitalizar la oportunidad que brinda esta época histórica.

Señala que la humanidad tiene la posibilidad de un futuro lleno de paz y prosperidad; sin embargo, advierte que todo se puede venir abajo, debido a que los gobiernos no están uniendo fuerzas a la velocidad requerida, para evitar los desastres latentes que se aproximan.

Los autores subrayan que el proceso de toma de decisión gubernamental es lento y mal informado, especialmente frente a las nuevas exigencias y complejidades de un mundo globalizado.

Convocan a los líderes del mundo a hacer más planeación de largo plazo y a unirse para dar solución a problemas globales. Pone como ejemplos el cambio climático y el crimen organizado internacional, indicando que ninguno de ellos puede ser resuelto sin una estrategia global y su ejecución coordinada mundialmente.

El reporte habla maravillas del Internet, describiéndolo como «el medio más importante que ha concebido la humanidad para unir al mundo, generar una verdadera democracia, fomentar el crecimiento económico y extender la educación hasta los rincones más remotos del planeta».

Aplaude que permite la auto-organización alrededor de ideas comunes, liberándonos de controles institucionales, gobiernos, empresas, nacionalidades e idiomas.

Pone como ejemplo la forma en que las injusticias en diversas partes del mundo se convierten en asunto de miles de millones de personas, que a la vez presionan a gobiernos locales, regionales e internacionales para darles solución.

Este nuevo poder político del ciudadano es un importante avance en la democracia y la justicia, que pone presión sobre instituciones, empresas y gobiernos para cambiar, generando cada vez más, países libres y democráticos alrededor del mundo.

Sin embargo, hay mucho que hacer. La crisis económica de 2008 y 2009 ha introducido un nuevo factor de complejidad que puede ir en dos direcciones. Puede frenar el proceso de desarrollo o impulsarlo, al darse cuenta los dirigentes del mundo de la urgencia de modificar varias de las prácticas que crearon el problema. O puede sumir a los gobiernos y a las empresas en el letargo de la autocompasión.

El reporte advierte que la mitad del mundo está sujeta a inestabilidad social y violencia, debido a una serie de factores como: el incremento en el costo de los alimentos y la energía, la disminución de los mantos acuíferos y la desertificación, los incrementos en la migración, el terrorismo, la corrupción y el crimen organizado.

Estamos frente a la decisión más importante de nuestras vidas. Por un lado, hay una oportunidad para generar una época de paz y prosperidad mundial sin precedentes. Por otro lado, la amenaza de un desenlace nefasto.

Por eso es indispensable tomar un momento para reflexionar sobre la guerra y la paz.

Nuevas evidencias científicas, muy alentadoras, ponen en tela de juicio que la guerra forme parte de nuestra naturaleza humana.

No hay que dejarnos confundir por la escuela tradicional de expertos que estudian la guerra, quienes piensan y propagan la creencia pesimista sobre que la guerra está tan arraigada en nuestra naturaleza que nunca se podrá abolir.

De acuerdo con Nils Petter Gleditsch, del Instituto de Investigación Internacional de la Paz de Oslo, «hacer la guerra no es una parte intrínseca de la naturaleza humana, pero tampoco lo es la paz».

La verdad es que existe un creciente grupo de científicos e investigadores que están llegando a la conclusión que la guerra es un fenómeno cultural, más que humano, y que precisamente hoy, existe una nueva cultura alrededor de mundo que nos está ayudando a erradicarla.

Un poco de historia:

Todo indica que el concepto de guerra como hoy lo conocemos, que se basa en una contienda que libran dos grupos de contrincantes en diferentes uniformes, surgió hace apenas 12,000 años.

Es interesante notar que antes de esa época, no hay evidencia clara de agresión letal de un grupo humano sobre otro. El antropólogo del Museo de Historia Natural de Chicago, Jonathan Hass, atribuye el surgimiento de la guerra a diversos factores como el crecimiento poblacional, cambios climáticos que generaron escasez de comida y la separación de personas en distintos grupos culturales.

Y es hasta después de que se crean las bases culturales que distinguen a grupos humanos como nosotros y ellos, que surge la locura de la guerra, y el sentimiento de escasez, que provoca la separación, desatando el miedo y el odio.

La Universidad de Illinois estima que hace 6,000 años se vivió un verdadero baño de sangre, donde moría hasta 25% de la población de las culturas que practicaban la guerra.

A partir de ahí, se fue perfeccionando el desarrollo de la locura de la guerra, convirtiéndola en base de prestigio y poderío social en sociedades como la azteca, la griega y la romana. Y sigue el avance del paradigma hasta nuestros días; aunque el número de muertos en relación a la población total ha ido disminuyendo significativamente con el paso de los años, y sobre todo durante el último siglo.

Específicamente, el profesor Milton Leitenberg, de la Universidad de Maryland, estima que el genocidio generado por los Estados durante la primera mitad del siglo XX fue de 190 millones de personas[1], o sea 3,800 millones de seres humanos por año. Durante la segunda mitad del siglo pasado se redujo a 40 millones, o sea 800, 000 personas por año. Y que durante la primera década de este siglo, la cifra se redujo aún más, a menos de 100,000 muertes por año, generadas a causa de conflictos armados entre dos países rivales.

Los expertos atribuyen esta disminución radical en el número de muertos generados por la guerra, a que durante los últimos doscientos años hemos visto nacer el concepto de sociedades democráticas y, con ellas, nuevas formas de gobernar y respetar al individuo, la diversidad y la interdependencia entre naciones.

Al finalizar la Segunda Guerra Mundial había sólo veinte países democráticos. Hoy la cifra se ha cuadruplicado. De acuerdo con el profesor Steven Pinker, de la Universidad de Harvard, la globalización y la comunicación nos han hecho cada vez más interdependientes, creando una nueva tribu global que se conoce y se respeta, y que no desea entrar en conflicto armado entre sí.

Claro, siguen las nubes que señala el Proyecto del Milenio en el horizonte, como la sobrepoblación, el cambio climático, el narcotráfico y el terrorismo, que si no nos cuidamos, nos podrían sumir en un estado mental similar al de nuestros primitivos ancestros.

Pero el hecho relevante, y la gran lección que hay que aprender, es que la guerra no es una parte intrínseca de nuestra naturaleza humana.

Yo me uno a la voz del Proyecto del Milenio, instando a cada ser humano a actuar a favor de la coherencia desde nuestras respectivas trincheras. Tú y yo tenemos el poder de asegurar el buen rumbo del mundo si alzamos la voz y actuamos en consecuencia, uniéndonos a favor de la paz, la justicia y equidad. Está en nuestras manos recuperar lo que significa ser humano y con ello asegurar un mundo viable para los hijos de los hijos de nuestros hijos.

¿Te apuntas?

Respuesta: El Proyecto del Milenio es una análisis sobre el «Estado del Futuro» y los quince retos globales que hay que enfrentar para alcanzar la paz y la prosperidad.

2. Somos más sabios que el sabio

Pregunta: ¿Quién posee más sabiduría, el experto o el público?

Ahora, me gustaría analizar contigo unos ejemplos, que son fundamentales para entender la gran revolución del conocimiento que se está propagando por el mundo, gracias a la invención de la computadora, y que nos ofrece un poder nunca antes visto para alcanzar la coherencia.

Déjame empezar con el ejemplo de un programa de concurso en televisión, llamado «¿Quieres ser millonario?», que ha sido transmitido en más de cien países, y que por cierto fue la trama de la cinta que ganó el Óscar a la mejor película en 2009.

A diferencia de otros programas de concursos, éste sólo tiene un participante. Consiste en que esta persona vaya contestando una serie de preguntas de opción múltiple, cuya dificultad va incrementando conforme avanza el programa.

La meta: contestar doce preguntas correctamente y ganar un millón de dólares.

Si el concursante no sabe o duda sobre la respuesta correcta a la pregunta, tiene tres alternativas para acercarse a la respuesta correcta:

1. Que la computadora elimine dos de las cuatro respuestas de opción múltiple, para que tenga una posibilidad de 50/50 de acierto.

2. Que pueda llamar a un amigo o amiga, previamente identificado, a quien considera una de las personas más inteligentes que conoce, para pedir su consejo.

3. Pedirle a la audiencia que le ayude. Cada miembro de la audiencia tienen un pequeño aparato para votar, y al ser solicitado registra la respuesta que considera correcta. La computadora suma los votos y saca la media de la respuesta más frecuente.

¿Qué ha pasado una y otra vez, en diferentes países y diferentes culturas? Las estadísticas no varían:

- La audiencia acierta 91% de las veces, mientras que el experto sólo acierta 65% de las ocasiones.

¿Por qué? Resulta que bajo este esquema, las coincidencias se suman y las divergencias se neutralizan asegurando, gracias a la ley de los grandes números, un resultado superior al que pudiese proporcionar en forma consistente un experto. Esto es, con que algunas personas en la audiencia conozcan la respuesta correcta, que es muy probable, es suficiente para generar la sabiduría acumulada necesaria para ganarle al experto.

A lo largo de los años, se nos ha llevado a pensar que la gente es tonta y que el erudito es sabio. Pero hoy, gracias a la computadora, hemos creado un nuevo cerebro que supera a la inteligencia individual, y que lo está cambiando todo.

Sin embargo, se tienen que dar determinadas condiciones para que funcione:

- El grupo necesita diversidad, dando acceso a diferentes puntos de vista.

Resulta que para poder llegar a una respuesta inteligente es más valioso tener acceso a diversas fuentes de información y de conocimiento, que poseer un coeficiente intelectual alto o determinada competencia. ¡Suena lógico!

- Se requiere libertad de opinión; esto es, sin presión de grupo y de otras fuerzas sociales.

Bajo presión social, las personas tienden a modificar su opinión en función de lo que es socialmente aceptado. Si tú puedes lograr que los individuos den sus opiniones en forma simultánea, sin saber lo que los otros han opinado, obtienes una información incorrupta.

- También se requiere un método para agregar la información, es aquí cuando entra la tecnología.

El reconocimiento de la sabiduría colectiva ha tenido un camino tortuoso, porque históricamente el ego humano se ha opuesto a esta idea. El concepto del individuo, e incluso de la raza superior, llevó al mundo a atrocidades como la Segunda Guerra Mundial. Hitler postulaba que había una raza superior y que era preciso limpiar a la raza humana de los genes inferiores.

Uno de los primeros registros que demostraron científicamente lo erróneo de ese concepto, se dio cuando el científico británico Francis Galton, primo de Charles Darwin, deseaba demostrar que las masas carecían de genes superiores y realizó un experimento donde le salió *el tiro por la culata.*

Trasladémonos al año 1906, a una feria ganadera en la campiña británica donde se realiza un concurso en el cual la gente está apostando a cuanto pesará la res en exhibición, una vez que sea sacrificada y preparada para la venta; ochocientas personas participan. Hay unos cuantos carniceros expertos entre los participantes, y muchas personas curiosas e inexpertas que desean participar y tratar, por azar, de ganarse el premio.

Para el científico, aquella era la oportunidad perfecta para demostrar que existían personas superiores e inferiores, y que al revisar las apuestas se vería con claridad la estupidez de la masa y la distancia abismal entre el ser superior e inferior.

El científico recuperó los boletos después de la rifa, los contó y calculó la media. La res sacrificada pesó 1,197 libras. La media del cálculo de la masa fue 1,198. ¡Estadísticamente perfecto!

El grupo había resultado ser más inteligente que el experto. Este hecho cambió el criterio de Galton, quien inició un movimiento, que hoy, más de cien años después, apenas empieza a ser entendido y a capitalizarse.

Déjame darte otro ejemplo mucho más complejo. Ahora, situémonos en 1968, cuando desaparece el submarino nuclear *Escorpión* en el Atlántico Norte. Después de que la marina lo buscara sin éxito durante meses, un hombre llamado Craven reunió a un grupo de expertos de diversos ramos: marinos, matemáticos, rescatistas, etcétera, para ver si lo podían encontrar. Preparó una serie de escenarios y les pidió que individualmente apostaran a qué tan probable era cada uno de ellos.

Ninguna de las personas había señalado individualmente el lugar indicado por el algoritmo, por lo tanto, la marina no estaba buscando ahí. Sin embargo, cuando finalmente hallaron al *Escorpión*, estaba a sólo 220 metros del lugar donde el grupo lo había situado.

La inteligencia colectiva es revolucionaria, no únicamente por su capacidad de encontrar la respuesta correcta a preguntas complejas, sino porque cuando se tiene un medio para agregar miles de millones de voces humanas, se convierte en una herramienta de presión política y social.

Creo que esta sabiduría colectiva será cada vez más prevaleciente y se convertirá, entre muchas cosas más, en un factor crítico para salvar al mundo del ecocidio provocado por la época industrial. Ya vemos a muchos jóvenes alzando la voz en protesta por el calentamiento global y la destrucción del medio ambiente. La agrupación de su voz y la sabiduría de su conciencia colectiva serán algo extraordinario.

Pero nos toca a los que estamos hoy en posiciones de poder hacer lo nuestro. Nos toca militar para asegurarnos que se escuche la voz de la coherencia, y que se respete e implante esta sabiduría colectiva.

¿Estás listo para hacer tu parte?

Respuesta: De acuerdo con James Surowiecki, autor del libro *The Wisdom of Crowds* (La sabiduría del grupo), el público posee más sabiduría que el experto.

3. Vamos a educar de verdad[2]

Pregunta: La mejor forma para alcanzar el éxito es identificar mis debilidades y sobreponerme a ellas.

1. Estoy de acuerdo.

2. No estoy de acuerdo.

Ha llegado el momento de dejar atrás el paradigma del siglo pasado, durante el cual se quería desarrollar seres humanos como maquinitas, todas cortadas por la misma tijera, para trabajar en las fábricas. ¡Ese mundo, gracias a Dios, ya se acabó!

Hay que entender que, para triunfar en la actualidad, es necesario revisar muchos de los paradigmas y cosmovisiones que tomamos como ciertas, y que en realidad son camisas de fuerza que nos limitan.

Como punto de partida, analicemos la educación.

Recuerda cuando eras niño o niña, o si tienes un hijo o hija, cómo actúas con ellos cuando llegan a casa con sus calificaciones. La mayoría de nosotros le echamos un vistazo rápido a los dieces, a los nueves y a los ochos. Y hacemos un pequeño gesto de aprobación.

Pero cuidado con que traigan a casa un seis: cambia nuestro rostro y nos convertimos en verdugos acusadores. *¡Explícame este seis! ¿De qué se trata? ¿Cómo es posible?* Les quitamos privilegios y les amenazamos con contratarles un tutor, que tendrán que pagar con su domingo, ¿o no?

¿Y los dieces? Muchas gracias. Quedaron en el olvido. ¿Acaso no es su obligación traer siempre buenas calificaciones? ¡Qué insensatez!

Imagina un mundo diferente. Uno en que contratamos al tutor para apoyarles en las materias en las cuales sacan diez. ¡Imagínate darle alas a nuestros hijos para realizar sus sueños y alcanzar la felicidad que les corresponde!

Si nosotros, nuestros padres y el sistema educativo entendiéramos lo contraproducente de la actitud de que hay que fortalecer debilidades a toda costa, podríamos llevar a nuestros hijos e hijas a nuevas alturas. Sus debilidades, son sus debilidades. Hay que reconocerlas. Una postura sensata es ayudarles para que simplemente pasen las materias que les cuestan trabajo y avancen al siguiente año.

Antes de que me taches de insensato, detengámonos un momento para entender cómo funciona el cerebro, y por qué esta actitud de fortalecer las debilidades a toda costa es contraproducente.

Nuestro cerebro está hecho de conexiones neurológicas predispuestas a determinadas fuerzas, que si las desarrollamos conducen a generar capacidades extraordinarias. Pensemos en Maradona para jugar futbol, Pavarotti para cantar y Einstein para las matemáticas.

Visto científicamente, el proceso evolutivo del cerebro busca el camino de la menor resistencia y, por lo tanto, cuando una persona se aplica sobre sus puntos fuertes, esos circuitos ya están predispuestos, y responden y se fortalecen con gran facilidad. En cambio, si tratas de desarrollar una capacidad para la cual no estás predispuesto, tu cerebro deberá generar nuevos circuitos, proteínas y códigos genéticos que van en contra de su naturaleza del menor esfuerzo. Es un proceso largo, doloroso y poco productivo.

El concepto de luchar en contra de nuestros llamados defectos es algo tan arraigado en nuestras estructuras sociales que ya no lo cuestionamos y nos mantenemos en la conformidad.

Sin embargo, el secreto del éxito y de la felicidad es hacer más de lo que hacemos bien y menos de lo que hacemos mal. Porque si hacemos más de lo que hacemos bien, creceremos y nos desarrollaremos en toda nuestra capacidad. Por el contrario, si nos centramos en resolver lo que hacemos mal, limitaremos nuestras posibilidades, porque lo que hacemos mal siempre será una lucha cuesta arriba, y a lo máximo que podrás aspirar es a ser competente (que, en mi opinión, es ser mediocre).

Te invito a reflexionar sobre este tema. ¿Qué tan coherente es tu vida? ¿Te centras en tus fuerzas más que en tus debilidades? ¿Si tienes hijos, te centras más en sus fuerzas que en sus debilidades?

Estas son preguntas claves de éxito. El principio de coherencia es fundamental.

Ahora, para llegar a ser sobresalientes no se necesita sólo talento, sino una actitud positiva hacia el estudio, y aprender cómo aprender.

Por eso quiero compartir contigo un ejemplo que narra Malcolm Gladwell en su nuevo libro *Outliers: The Story of Success*, acerca de una escuela pública Charter, en el Bronx de la ciudad de Nueva York, donde se preparan jóvenes de los hogares más pobres y desaventajados, para sobresalir en matemáticas y obtener becas para acudir a la universidad y triunfar en la vida.

Se trata de la Academia Kipp (*Knowledge is Power Program*), una escuela secundaria pública fundada por Mike Feinberg y Dave Levin en 1995.

Opera bajo una estructura legal conocida como Charter, que fue legislada en Estados Unidos en 1988 para permitir a maestros, padres de familia y grupos con fines no lucrativos crear escuelas alternativas, que son financiadas bajo el sistema de escuela pública federal, y que apoyan el sistema educativo nacional.

La Academia Kipp es una escuela que va de quinto de primaria hasta segundo de secundaria, y que ha dado extraordinarios resultados.

Al ingresar a la escuela en quinto de primaria, sólo 16% de los estudiantes están al nivel requerido en matemáticas. Sin embargo, al terminar segundo de secundaria en Kipp, 84% está por arriba del nivel nacional. Estos niños y niñas de familias cuyos padres no han pisado universidad, al salir de segundo de secundaria son tan buenos o mejores en matemáticas que niños y niñas privilegiados de las mejores escuelas privadas de la Unión Americana.

De este grupo, 90% de los graduados consiguen becas al 100% para acudir a preparatorias privadas, y de ellos 85% van y terminan la universidad.

Contrastemos esto con los otros chicos y chicas del barrio Bronx: en promedio, sólo 50% de los alumnos que van a preparatoria se gradúan, y de ellos menos de dos de cada diez entran a la universidad.

¿En qué radica la diferencia? Todo apunta a su filosofía educativa, que se basa en cinco pilares:

1. Generar altas expectativas de los alumnos.

2. Dar autonomía a los líderes de cada escuela.

3. Aumentar el tiempo de instrucción.

4. Basarse en resultados.

5. Recordar a todos que Kipp es una elección y un compromiso.

Los alumnos llegan por sorteo. Una vez que sale su nombre, tienen el derecho a decidir si acudir o no. Si deciden ingresar, tienen que firmar un contrato, uno el alumno y otro la familia. El alumno se compromete a poner atención en clase y hacer todas las tareas, y su familia a revisarlas y asegurarse de que llegue a tiempo a clase.

No respetar el contrato puede ocasionar que se expulse al niño o niña; sin embargo, esto no está pasando. Menos de 1% de los alumnos han sido expulsados. El punto fundamental es que el modelo no se basa en la premisa del premio y el castigo, sino en hacer sentir al alumno que su vida tiene un propósito.

El tiempo de instrucción es la estrategia de éxito. En promedio, un alumno en Estados Unidos atiende a clases seis y media horas diarias, durante 180 días al año. Mientras que en Kipp, los alumnos van a la escuela nueve horas diarias de lunes a viernes, y medio día dos sábados por mes. Además, tienen tres semanas menos de vacaciones de verano que el resto de las escuelas públicas. Esto brinda 60% más de tiempo efectivo de instrucción, lo que hace toda la diferencia.

En esta escuela no hay prisa para pasar las materias. Aquí se han dado tiempo para enseñar a pensar y aprender.

Cuando acudió Malcolm Gladwell a la escuela, dijo que cuando entró percibió algo muy diferente. Los alumnos caminaban calmadamente por los pasillos y en las clases todos estaban atentos. Como parte de la formación, se les enseña un protocolo denominado SSLANT, que significa: sonríe, siéntate derecho, escucha, haz preguntas, asiente con la cabeza cuando te hablan y sigue con los ojos.

Observó cómo un alumno se pasó veinte minutos en el pizarrón, analizando junto con el resto de la clase cómo resolver una ecuación matemática, mientras que el maestro se sentaba a un lado observando y sólo interviniendo para ayudar a la clase a descubrir entre ellos cómo solucionar el problema.

Y no es simplemente más tiempo para materias básicas como matemáticas, sino para materias adicionales como deportes, arte y música. Por ejemplo, aquí todos los alumnos forman parte de la orquesta. Temas esenciales para formar a seres humanos completos y equilibrados.

Afuera del salón, las paredes están tapizadas con los escudos de las universidades a las cuales han ido otros alumnos de la secundaria.

Al leer este caso pensé, realmente las autoridades educativas deberían analizar sistemas alternos como el Charter, que permita complementar la educación pública en México.

¿No crees?

Respuesta: El 86% de la gente está de acuerdo con que la mejor forma para alcanzar el éxito es identificar las debilidades y sobreponerse a ellas. Sin embargo, Marcus Buckingham, en su libro *Go Put Your Strenghts To Work* (Pon a trabajar tus fuerzas), señala que la respuesta correcta es: no estoy de acuerdo.

4. Cuenta la sensibilidad humana

Pregunta: ¿Es más fácil entrar a una escuela de negocios tipo Harvard o a una de arte, digamos, de la Universidad de California, Los Angeles (UCLA)?

Sigamos hablando un momento más de la educación.

Hay una nueva realidad en el mundo de los negocios. Los reclutadores alrededor del mundo están buscando talento en las principales escuelas de arte.

En 1993, 61% de todos los reclutados por la firma de consultoría McKinsey tenían una MBA (maestría en Administración de Negocios); en 2003 había bajado a 43%. Se dieron cuenta de que otro tipo de disciplinas funcionan igual, o mejor, para dar grandes resultados.

Imagínate esto: un mundo en el que actividades como escribir, pintar y actuar podrían ofrecer un futuro más promisorio que carreras como administración, finanzas u operaciones. Un mundo donde la nueva MBA fuese la MFA (maestría en Bellas Artes).

¿Absurdo? No tanto. Conforme la computación avance, todas las carreras técnicas y operativas van a ser sistematizadas. Y las carreras en las cuales se requiere de la sensibilidad humana van a florecer.

Conforme exista más y más competencia, ya no se va a tratar de administrar, sino de crear valor a través de productos bellos y ofertas emocionalmente cautivantes. Por lo tanto, las habilidades de creatividad, imaginación y síntesis se convierten en las nuevas habilidades *mercadeables* en el siglo XXI.

El analista John Howkins estima que el sector creativo mundial crecerá de 200 mil millones de dólares, a 610 mil billones de dólares en los próximos quince años, convirtiéndolo en uno de los mayores negocios globales.

Y si escarbamos un poquito, vemos este fenómeno creativo creciendo por todas partes.

Hoy, la gran empresa de productos de consumo Unilever está contratando, en Inglaterra, a pintores, poetas y caricaturistas para mantener inspirado al resto del personal.

Robert Lutz, presidente de desarrollo de General Motors, entrevistado recientemente, cuando le preguntaron qué hay que hacer de aquí en adelante para ganar en la industria automotriz, respondió: «es más un asunto de hemisferio derecho... nos veo en un negocio de arte. Arte, entretenimiento y esculturas móviles que, por cierto, nos proveen de transporte».

Hay escuelas de Medicina que están integrando nuevas actividades a su plan de estudios:

En la Universidad de Medicina de Columbia están enseñando Medicina Narrativa a sus alumnos, esto es, aprender a escuchar e interpretar la narración de una historia muy compleja: el relato del padecimiento del paciente, contado a través de palabras, gestos y silencios. El relato íntimo de algo que no va bien.

Explican que el estudio de narrativa en Medicina abre un nuevo mundo para aprender a leer al paciente, saber hallarle sentido a la información, a veces contradictoria, e interpretarla en un diagnóstico.

Las tramas literarias son complejas, por lo que entender sus estructuras permite compenetrarse mejor con el paciente y profundizar en su historia, comprendiendo el drama humano de la situación y volviéndose mucho más empático.

La metodología consiste en que el doctor primero escucha, realmente escucha lo que le está tratando de explicar el paciente, y luego escribe la narrativa del relato. Después lo comparte con su paciente, para intentar entender la historia e irla construyendo juntos, a fin de tener una visión completa de la situación.

Dicen que estos procesos de narrativa podrán ayudar a cerrar la brecha entre doctor y paciente, doctor y doctor, y doctor y sí mismo, ofreciendo una poderosa herramienta de diagnóstico, empatía y entendimiento.

Por su parte, la Escuela de Medicina de la Universidad de Yale, donde enseñan a sus estudiantes a pintar, porque las personas que estudian pintura desarrollan la capacidad de reconocer detalles sutiles.

También, actualmente, más de cincuenta escuelas de Medicina en Estados Unidos han incorporado la Espiritualidad como parte de su plan de estudios básico.

Algo que me encanta es lo que está haciendo la Escuela de Medicina de UCLA. Han incorporado un programa de actuación para alumnos de segundo año, para aprender a desarrollar el papel de paciente incógnito. El objetivo del curso es que el alumno se interne al hospital de la universidad como un paciente real y viva la experiencia del paciente. La finalidad: desarrollar empatía.

Estamos frente a un nuevo mundo de coherencia que no tiene precedentes en la sociedad industrial y que es, sin embargo, extremadamente lógico y humano.

Te invito a que reflexiones sobre este nuevo mundo. La creatividad y la empatía ofrecen grandes oportunidades para crecer y añadir valor a un mundo, necesitado de coherencia y significado. ¿Cómo puedes tú capitalizar esto para tu vida, tu negocio y tu país?

Respuesta: Resulta que es más fácil ser aceptado en Harvard Business School que en la Escuela de Arte de la UCLA. Específicamente, a Harvard se acepta a 10% de los aspirantes y en UCLA sólo a 3%.

5. No te dejes manipular

Pregunta: Rápido ¿Qué prefieres, que te dé un vale de cien pesos o que te venda uno de doscientos pesos en setenta pesos?

Creo que nuestra libertad importa, sin embargo, no somos tan libres como pensamos. Hay muchas fuerzas a nuestro alrededor que nos condicionan y manipulan, sin que nos demos cuenta. Lo sé. Fui publicista.

Por eso, quiero compartir contigo un estudio de algo que se llama *behavioral economics* (la economía del comportamiento), que analiza el comportamiento humano ante decisiones económicas. Entenderlo nos ayuda a recuperar nuestra libertad como consumidores y a entender las poderosas fuerzas ocultas de la mercadotecnia.

Los datos que veremos a continuación son de un fascinante libro sobre la materia, que se llama *Predictably Irrational* (Irracionalmente predecible), de Dan Ariely, un profesor de la Universidad de MIT.

Dan realizó un estudio precisamente sobre la pregunta que hice al inicio del capítulo y la mayoría de la gente escogió, sin pensarlo, el vale gratuito.

El investigador explica que ante el término «gratuito» las personas no se detienen a pensar qué les conviene más. Analizando fríamente la situación, el vale de doscientos pesos comprado en setenta les otorga un beneficio de 130 pesos, contra los cien del vale gratuito.

Para profundizar en el tema realizó otro experimento en un centro comercial.

Aquí colocó un stand bajo una pancarta en la que estaba escrito «Llévate un chocolate». Sobre la mesa puso dos marcas de chocolates, a la izquierda estaban los Ferrero Rocher, que ofrecía a la venta a un peso con cincuenta centavos, y a la derecha estaban los Kisses de Hershey's marcados a diez centavos.

Resultó que 73% escogió comprar las trufas, mientras sólo 27% de los que se acercaron al stand escogieron el chocolatito.

Después modificó el precio de cada uno en diez centavos. Esto es la trufa quedó en un peso con cuarenta centavos y los Kisses eran gratuitos. Visto desde la óptica de los principios de mercado, no debería haber diferencia en cuanto a la preferencia de la gente. Las constantes de diferencial en precio permanecieron iguales.

Sin embargo, bajo este nuevo escenario cambiaron radicalmente las preferencias; 69% de la gente prefirió el chocolate gratuito. Esto es, subió de 27% a 69% y la trufa bajó de 73% a 31%.

¿Qué pasa? ¿Qué tanto pesa la lógica en nuestras decisiones económicas y qué tanto otros factores, que a todas luces parecen irracionales?

¿Cuál es esta fascinación con lo gratuito? ¿Por qué retacamos nuestros platos en un buffet aunque ya no tengamos hambre? ¿Por qué aceptamos todos esos llaveros y plumas que nos regalan en las ferias, sabiendo que nunca los vamos a utilizar, y aunque pesan una tonelada los metemos en nuestra maleta y los transportamos a casa?

La respuesta científica es que psicológicamente el ser humano, frente a cualquier decisión, se pregunta lo que puede ganar y lo que puede perder. Y frente a la ecuación de gratis se elimina aparentemente el temor de pérdida y hace que la gente actúe en forma irracional.

Ahora te pregunto, ¿cuántas veces has ido a la tienda con una idea precisa en mente, digamos a comprar un buen par de calcetines para hacer deporte, de esos que tienen la punta y el talón acolchonaditos, para luego salir de la tienda con otro estilo de calcetín, porque estaban en oferta al 2 x 1, no obstante que esos calcetines que compraste no eran ni de la calidad ni del modelo que querías?

O qué tal cuando nos dicen que hay que comprar dos de algo para obtener el tercero gratis. Y lo hacemos aunque en realidad ni necesitábamos dos y mucho menos tres.

Para el comerciante que entiende el poder psicológico del concepto, gratis es una panacea.

Quieres atraer a una multitud, ofrece algo gratis. Quieres vender más producto, ofrece algo gratis en la compra.

Lo vemos por todos lados: seis meses sin intereses, seguro por un año gratis, compra la computadora y llévate gratis la impresora, 20% más producto gratis.

Otro aspecto poderosísimo del gratis, que hace que la gente pierda la cabeza, es cuando las empresas ofrecen una prueba gratis, «sin riesgo», del producto o servicio durante un tiempo limitado.

- Disfruta gratuitamente un mes del paquete platino de tu empresa de televisión por cable.

- Te presto el auto último modelo para una prueba de manejo por un fin de semana, para que lo conozcas.

- Te invito a Cancún sin compromiso y con todo pagado, a que conozcas el producto de tiempo compartido.

¿Qué está pasando? ¿Por qué estas empresas están haciendo estos ofrecimientos aparentemente tan generosos?

Lo que pasa es que el ser humano tiene un sentido de posesión muy arraigado, por lo que se encariña con las cosas muy fácilmente. Resulta que una vez que ha probado algo mejor, difícilmente regresará al producto inferior.

El mercadólogo experimentado entiende los principios psicológicos del ser humano y estructura sus campañas comerciales alrededor de ellos.

Es importante que nos convirtamos en consumidores más sabios. Te invito a pensar en todas las ocasiones que has actuado irracionalmente debido a estímulos comerciales.

Empieza primero por identificarlos y estar consciente de ellos. Sólo así podrás manejar los mecanismos profundos de tu mente racional y emocional.

Ándale, inicia el apasionante camino de conocerte realmente y alcanza el equilibrio, la coherencia y la felicidad.

Respuesta: La mayoría de la gente prefiere lo gratuito.

6. Cuando la ciencia y la conciencia se tocan

Pregunta: ¿Quién dijo: «la ciencia sin religión es coja y la religión sin ciencia es ciega»?

- Einstein.

- Galileo.

- Sócrates.

Probablemente uno de los temas que más me ha llamado la atención en últimas fechas ha sido descubrir que los principios de la filosofía, la religión y la ciencia se han acercado muchísimo.

Por eso, para concluir esta sección te invito a reflexionar junto conmigo sobre la ciencia, la conciencia y la maravilla de estar vivos.

La filosofía y la religión siempre han predicado el principio de la unidad. Lo que se me hace fascinante es que ahora, con las nuevas teorías científicas de la conformación del universo a través de membranas de energía, también hoy, los científicos profesan la existencia de la unidad.

Lo que movió el tapete a los científicos fue el análisis de las micropartículas llamadas electrones, que hoy forman la base de la nueva teoría unificada.

Los electrones, alrededor del núcleo del átomo, dan forma a la materia. Son partículas realmente misteriosas; al observarlas a través de microscopios subatómicos, los científicos encontraron que eran diferentes a todo lo que que habían visto. Resulta que los electrones tienen la capacidad de estar en varios lugares al mismo tiempo; es por esto que dan sustancia a la materia. Es más, simulan aparecer y desaparecer a voluntad. Precisamente, esta capacidad está revolucionando el pensamiento científico.

Otro aspecto curioso de los electrones es que se comportan en forma diferente cuando los estamos viendo y cuando no los observamos. Y es por eso que los científicos están especulando que nuestro pensamiento tiene una propiedad que afecta la materia. ¡Wow!

También hay teorías que sostienen que el *Big Bang* es simplemente una gran exhalación, y que al concluir habrá la gran inhalación. Esto nos lleva a una similitud con la filosofía oriental del *ying* y el *yang* y el círculo continuo de la vida.

Y hablando de la respiración, ésta es la misma esencia de la vida. Al llegar a esta Tierra, lo primero que hacemos es abrazarla con una profunda inhalación, y el día que nos vamos, nos despedimos de ella con una gran exhalación.

Ahora, detengámonos un momento en las fuerzas del universo, las electromagnéticas y la gravedad. Algunos científicos piensan que cuando se dio el *Big Bang*, todas las fuerzas eran de la misma magnitud, pero debido a que los electrones aparecen y desaparecen, lo que están suponiendo algunos científicos es que éstos se mueven en diferentes universos paralelos. Y esto podría explicar por qué la fuerza de la gravedad es tan débil en relación con la electromagnética.

Todavía más interesante es que estos científicos especulan que cada instante en nuestro universo queda plasmado en la novela de la conciencia cósmica, en un sinfín de universos paralelos.

También ya se piensa que existe una propiedad que circula en el universo a una velocidad superior a la velocidad de la luz, que de acuerdo a la teoría de la relatividad de Einstein, era la barrera superior del tiempo y del espacio. Ahora hay científicos que consideran que el pensamiento es la última frontera de la velocidad y que viaja mucho más rápido que la luz. Casi podríamos decir que el pensamiento es omnipresente.

Ahora, déjame divertirme un poco más. Imaginémonos un momento que el tiempo es un constante presente, y que cada instante queda grabado en un *multiverso* paralelo. Y como los científicos nos dicen que el pensamiento es casi omnipresente, pues en teoría yo puedo recuperar, a voluntad, todo archivo que desee, de su *multiverso* correspondiente.

Y siendo un poco más atrevido en mi especulación, si esto es el caso, pues no hay razón por la cual uno no pueda acceder a la esencia de toda persona viva o finada, que ha pisado la Tierra, y en el *multiverso* correspondiente, desarrollar con ella una relación íntima y personal.

Y eso es precisamente lo que hizo Napoleón Hill, a principios del siglo pasado. Para los que no lo conocen, él es considerado el autor de autoayuda y superación personal más prestigioso de todos los tiempos. Escribió el libro *Piense y hágase rico*, que ha vendido a lo largo de los años más de cien millones de ejemplares. Además de escritor, fue asesor de varios presidentes de Estados Unidos, como Woodrow Wilson y Franklin D. Roosevelt, al igual que amigo intimo de Henry Ford y Thomas Edison.

En su libro nos habla del extraordinario poder de la mente para conectarse con el universo y adquirir sabiduría. Relata que él creó su propio consejo de sabios, de ilustres seres humanos vivos y muertos, que convocaba a través de su imaginación cada noche y sesionaba con ellos, planteándoles en cada sesión una pregunta diferente para resolver.

Imagínate, si esto es posible, la extraordinaria fuente de sabiduría que tenemos a nuestra disposición y la nueva definición de qué es la vida y la muerte en un entorno de *multiversos* paralelos.

¿Qué está pasando? ¿Será que finalmente los científicos nos están dando permiso de acceder a la sabiduría de los sabios de antaño, que a través de su intuición percibieron la existencia del alma, en el seno de Dios?

Respuesta: Fue Albert Einstein quien dijo que «la ciencia sin religión es coja y la religión sin ciencia es ciega».

2 | Hermanos que inspiran

El estudio de grandes seres humanos es una fuente inagotable de inspiración y sabiduría. Te recomiendo que leas biografías y apliques en tu vida algunas de las enseñanzas que nos regalan.

Por eso quiero compartir contigo en esta sección el pensamiento, vida y obra de algunos hermanos que inspiran e instruyen a través de su visión, pasión y congruencia.

Empecemos con el extraordinario decálogo de «Las diez reglas de Sam». Los principios sobre los cuales Sam Walton, que en paz descanse, edificó el emporio comercial más grande del mundo: Walmart. Te invito a leer cada uno de ellos con detenimiento.

1. Las diez reglas de Sam Walton. Oro molido puro

1. Comprométete con tu negocio. Cree realmente en él. Si amas tu trabajo, estarás ahí todos los días haciendo tu mejor esfuerzo, y dentro de poco todos a tu alrededor se van a contagiar de tu pasión. Es como una fiebre.

2. Comparte las ganancias con tus asociados y trátalos como tus socios; a la vez, ellos te tratarán a ti como su socio, y juntos lograrán resultados que superarán tus sueños más ambiciosos.

3. Motiva a tus asociados. El dinero no basta. Fija metas elevadas, promueve la competencia y lleva el marcador. Haz grandes apuestas, ofreciendo bonos extraordinarios.

4. Comunícale todo a tus asociados. Entre más sepan, más entenderán. Entre más entiendan, más se encariñarán con el negocio. Una vez que se encariñen, ya nada ni nadie los va a parar. La información es poder y el poder que adquieres al facultar a tus empleados, por mucho, contrarresta el riesgo de que tu competencia tenga tu información.

5. Agradece todo lo que tus asociados hacen por el negocio. Nada puede igualar esas palabras bien escogidas de agradecimiento en el momento preciso. No cuestan ni un centavo, pero valen una fortuna.

6. Celebra tus éxitos y encuéntrale el lado ligero al fracaso. No lo tomes tan en serio. Relájate y todos a tu alrededor se relajarán. Diviértete y siempre sé entusiasta. Y cuando sientas que ya no sabes qué hacer, disfrázate y cántales una canción chistosa.

7. Escucha a todos en la empresa e ingéniate una manera para que se abran y hablen contigo. La gente que tiene el contacto directo con el público es la única que realmente sabe lo que está pasando ahí afuera. Más te vale que tú sepas lo que ellos saben.

8. Excede las expectativas de tus clientes. Si lo haces regresarán una y otra vez. Dales lo que quieren y un poco más. Hazles saber que los aprecias. Reconoce tus errores y no des excusas… discúlpate. Respalda todo lo que haces. «Satisfacción garantizada» marcará la diferencia.

9. Controla tus gastos mejor que tu competencia. Aquí radica una importante ventaja competitiva. Te permite cometer muchos errores y recuperarte. Sin embargo, la ineficiencia, aunque seas brillante, te puede llevar a la quiebra.

10. Nada en contra corriente. Ignora la sabiduría convencional. Si todos están haciendo lo mismo es posible que encuentres tu nicho haciendo justamente lo opuesto.

¿Cuál es el que más te gustó?

A mí, el que más me gusta es: cuando sientas que ya no sabes qué hacer, disfrázate y canta una canción chistosa. Si Sam Walton, que construyó el emporio comercial más grande del mundo, fue capaz de reírse de sí mismo, ¡cómo que nosotros no!

2. El hombre universal

Pregunta: ¿Quién es el autor de *El hombre de Vitruvio*?

1. Leonardo da Vinci.

2. Miguel Ángel.

3. Rafael.

Ahora, analicemos algunos detalles de la vida de Leonardo da Vinci[3], posiblemente el ser humano más inquieto que haya vivido en la Tierra.

Para ubicarnos, Leonardo nació en Italia en 1452 y murió en Francia en 1519, a los 67 años.

Fue pintor, escultor, inventor, músico, ingeniero, arquitecto, científico, cocinero y fisicoculturista, por mencionar simplemente algunos de sus variados intereses y talentos.

Empecemos con su primer cuadro, que pintó como joven aprendiz del maestro Verrocchio. El cuadro se llama *El bautismo de Cristo* y el maestro le encomendó, como se hacía en esa época con los jóvenes aprendices, terminar de pintar algún detalle del cuadro del maestro. En este caso se trataba de pintar un pequeño ángel que observaba el momento mágico, cuando Juan vertía el agua sobre la cabeza de Cristo.

La leyenda cuenta que, cuando Verrocchio vio la cara del ángel que pintó Leonardo, se conmovió y exclamó que él nunca más volvería a tocar un pincel, porque vio lo que realmente podía hacer la pintura y que él no tenía el don de Dios que merecía el medio.

Efectivamente, ver la cara de este ángel, es ver el alma de una creatura que con asombro, respeto y amor mira un milagro.

Muchos años después, cuando los científicos analizaron el cuadro con rayos X, encontraron que los brochazos de Verrocchio eran pesados y toscos, mientras que los brochazos del ángel pintados por Da Vinci eran imperceptibles. Era como si el ángel estuviera vivo, parecía obra de Dios. Hecho a base de miles y miles de delgadas capas de pintura, una sobre otra, y otra, y otra, que iban dando vida y alma al trabajo.

Entre sus obras más conocidas está la *Mona Lisa*, probablemente el cuadro más famoso del mundo, por su enigmática y cautivante sonrisa, que encierra el alma de Leonardo. También pintó *La última cena de Cristo*, en la cual capta el momento más dramático de la noche, cuando Cristo le revela a sus discípulos «...uno de ustedes me va a traicionar» y se observa el desgarre emocional de esas doce personas.

Otra de sus grandes obras, un estudio que aparece en uno de sus cuadernos, se llama *El hombre de Vitruvio*, el ser humano de las proporciones divinas, que se ha convertido en uno de los símbolos más socorridos de la salud y bienestar. Sin embargo, no se quedó ahí; Leonardo también inventó el helicóptero, el submarino, las tijeras, la bicicleta, la línea de producción, los primeros electrodomésticos, el balero, puentes movibles, la escalera desplegable que aún usan hoy los carros de bomberos, e incluso inventó el primer automóvil.

Imagínate su capacidad para *futurear*. Leonardo inventó un paracaídas antes de que pudiésemos volar. Recientemente, un inglés llamado Adrian Nicholas construyó, con materiales existentes en el siglo XV, el paracaídas diseñado por Da Vinci, y sobre una planicie, en África, se subió en un globo aerostático y se lanzó. Cuando aterrizó suavemente, exclamó que sentía la mano prodigiosa de Leonardo atravesando quinientos años, para traerlo sano y salvo a la Tierra.

Un dato que me llamó la atención es que Leonardo también era conocido como el hombre más apuesto y fuerte de Florencia. Era un hombre atlético, un excelente jinete, esgrimista e incluso malabarista.

Cuando caminaba por las calles de Florencia, la gente salía a verlo pasar. Les llamaba la atención su porte, aplomo y elegancia.

Hay que maravillarse de la audacia de Leonardo y de su curiosidad, que hizo florecer el Renacimiento, después de mil años de oscurantismo.

Situémonos en el momento preciso. En una época en la cual se pensaba que todo lo que se tenía que saber ya estaba revelado, y que cualquiera que deseaba liberar su mente era apoyado con singular alegría, decapitándolo, después de asarlo lentamente sobre leña verde.

Seguramente Leonardo se salvó porque en el momento que vivió, la Inquisición todavía no estaba en pleno apogeo.

Su capacidad para descubrir los secretos de la vida a través de observar la naturaleza, es, sin duda, una lección para todos nosotros a pesar de que se dio hace quinientos años.

Imagínate, en esa época dedujo que el ser humano podría contrarrestar el endurecimiento de las arterias –que hoy se conoce como la arteriosclerosis– y la acumulación de colesterol, si hacía ejercicio regularmente y llevaba una dieta sana. Y fue precisamente la observación de cómo el barro se acumulaba en la boca de los ríos y tapaba el flujo del agua, lo que lo llevó a hacer tal deducción.

Finalmente, Leonardo también nos dejó un maravilloso legado, que nos enseña que hay que tener una buena actitud y ser felices. Decía que los cinco sentidos son los Vicarios del Alma, y nos invitó a desarrollar la alegría de vivir a través de cultivarlos.

Nos indica que no hay que simplemente mirar, sino aprender a ver; que hay que pasar de oír a escuchar, de tocar a sentir, de comer a saborear, de inhalar a percibir olores y fragancias, y de simplemente movernos, a tener conciencia de nuestro cuerpo.

Ahora, yo te invito a detenerte un instante a reflexionar sobre tus sentidos. Permite que la mano prodigiosa de Leonardo te toque también a ti después de quinientos años y te enseñe a disfrutar el maravilloso regalo que es sentir la vida.

Por ejemplo, mañana levántate antes del amanecer, y vive la experiencia de un nuevo día a través de todos tus sentidos. Ve el juego de luz y sombra, escucha y comparte la exaltación de los pájaros al nacer un nuevo día, percibe el aroma del rocío, siente la caricia de la brisa sobre la piel y percibe cómo gira la Tierra a toda velocidad revelando el sol.

¡Ándale, hazlo! No te vas a arrepentir. Al desarrollar tus sentidos descubrirás una fuente inagotable de felicidad.

Respuesta: Leonardo da Vinci es el autor de *El hombre de Vitruvio.*

3. El gran alma o Mahatma

Pregunta: ¿Quién dijo: «ojo por ojo y el mundo acabará ciego»?

1. El Chapulín Colorado.

2. La madre Teresa de Calcuta.

3. Mahatma Gandhi.

Mahatma Ganhdi fue un extraordinario ser humano que situó a la coherencia como la pidera angular de su vida.

Mahatma tuvo la visión de una India dónde los seres humanos

podían vivir en paz. Veía a los hindúes y los musulmanes viviendo lado a lado, con respeto y dignidad.

Ejerció la disciplina de convertir su visión en realidad, enseñando que se podía cambiar al mundo a través de la resistencia civil pacífica y el ayuno. A veces ayunó por más de un mes como acto de protesta. Decía: «no hay causa que justifique matar por ella; pero hay algunas por las cuales vale la pena morir».

Gandhi generó tanto amor hacia él, que el hecho de dejar de comer movía los corazones incluso de sus enemigos, quienes desistían de sus acciones para evitar que ellos fueran la causa de que él muriera de inanición.

Su pasión arrasaba. Nunca tuvo un cargo de elección popular y, sin embargo, fue la persona más influyente para la liberación de la India del dominio inglés y seguramente fue la persona más influyente sobre la Tierra, en su momento.

Su conciencia generó congruencia. Y éste es el punto fundamental de la grandeza.

Para ilustrar el fundamento de que la grandeza está basada en estos cuatro principios, tomemos el ejemplo de Adolf Hitler, y pasémoslo por el mismo tamiz.

Visión. Muchísima. Profesaba un tercer Reich que duraría mil años.

Disciplina. Sin duda. Construyó una de las maquinarias bélicas más poderosas que se han conocido.

Pasión. Absolutamente. Miren nada más sus discursos que cautivaban, hasta las lágrimas, a las masas.

Pero donde todo se perdió fue en la conciencia. El odio y el genocidio no forman parte de nuestra esencia como seres humanos.

Gandhi decía:

> Cuando desespero, recuerdo que a través de toda la historia, el camino del amor y la verdad siempre han prevalecido. Ha habido tiranos y asesinos que durante algún tiempo parecían invencibles, pero al final siempre caen –pienso en eso, al final siempre caen.

Una hermosa anécdota, es que el verdadero nombre de Mahatma Gandhi fue Mohandas Karamchand Gandhi: Mahatma viene del sánscrito y significa «gran alma», que fue el nombre que le dieron sus seguidores.

Desafortunadamente, no todos entendieron su mensaje y, el 30 de enero de 1948, a la edad de 78 años, Gandhi murió asesinado por un fanático integrista hindú.

El mundo celebra su vida. El 15 de junio de 2007, la organización de las Naciones Unidas declaró el 2 de octubre –la fecha de su cumpleaños– día mundial de la no violencia, para que la humanidad no olvide su legado.

Para concluir, me gustaría compartir contigo algunas de sus reflexiones, que remueven la conciencia:

- Si quieres cambiar al mundo, cámbiate a ti mismo.

- Los grilletes de oro son mucho peores que los de hierro.

- No hay camino para la paz, la paz es el camino.

- Ganamos justicia más rápidamente, si hacemos justicia a la parte contraria.

- La violencia es el miedo a los ideales de los demás.

- Si quieres convencer a un enemigo, preséntale los mejores rasgos de su carácter; nunca sus defectos.

- No hay camino para la verdad, la verdad es el camino.

- Perdonar es el valor de los valientes. Solamente aquel que es bastante fuerte para perdonar una ofensa, sabe amar.

- El que retiene algo que no necesita es igual a un ladrón.

- El nacimiento y la muerte no son dos estados distintos, sino dos aspectos del mismo estado.

Te invito a reflexionar sobre estos principios y sobre el hecho de que se requiere visión, disciplina, pasión y conciencia para trascender.

Piensa en cada cosa que haces. Pregúntate si cumples con estos cuatro principios. Si lo haces, tú vida florecerá. Y recuerda que el principio de la conciencia es la piedra angular sobre la cual descansa todo lo demás.

Respuesta: Gandhi dijo «ojo por ojo y el mundo acabará ciego». La ley del Talión sólo puede conducirnos al exterminio.

4. El empresario socialmente responsable

Pregunta: ¿Quién es conocido como el billonario rebelde?

1. Richard Branson, de Virgin.

2. Steve Jobs, de Apple.

3. Sergey Brin, de Google.

Ahora, te quiero presentar a un empresario coherente, que tiene conciencia y asume su responsabilidad. Él está convencido que puedes hacer el bien y que te vaya bien.

Su historia es ejemplar. Enseña que hay varias formas de alcanzar el éxito, siempre y cuando sigas a tu corazón, con disciplina, visión, pasión y congruencia.

Sir Richard Branson nació el 18 de julio de 1950. Como niño disléxico, le costó muchísimo trabajo la escuela tradicional y la abandonó a los quince años para comenzar su primera empresa, la revista *Student*. Con 17 años inició su primera obra de beneficencia, a los veinte un negocio de venta de música por correspondencia, y a los 22 la cadena de tiendas Virgin. Y a la fecha, ha creado más de 360 empresas con ventas anuales superiores a los 25 mil millones de dólares, en las que emplea a 55,000 personas.

Ama aprender y toma la sabiduría convencional para ponerla de cabeza. Su filosofía de negocio es tratar al otro como le gustaría ser tratado y no comulga con el estereotipo del hombre de negocios transa y desalmado.

Profesa el empresariado socialmente responsable y señala que con gran poder viene gran responsabilidad. Él dice que cuando esté en su lecho de muerte, quiere poder mirar atrás y sentir que ha tenido la posibilidad de cambiar radicalmente la vida de muchos seres humanos.

Tuve el gusto de escucharlo hablar a fines de 2006. Movió la mente, corazón y conciencia del auditorio.

Compartió uno de sus sueños: crear un combustible limpio que pueda usar en sus aviones, autos y trenes, que forman parte de los medios de transporte que, entre todos, generan actualmente 4% de la contaminación atmosférica, que está contribuyendo al efecto invernadero.

Como muestra de su coherencia, el 21 de septiembre de 2006, en el evento The Clinton Global Initiative, del ex presidente estadounidense Bill Clinton, Richard se comprometió a invertir 100% de las utilidades de sus empresas de transporte en investigación y desarrollo de nuevos combustibles limpios durante los próximos diez años. Su estimación es que gastará tres mil millones de dólares en la creación de un combustible limpio.

Branson es conocido como el billonario rebelde y Clinton dice que es una de las personas más interesantes, creativas y realmente comprometidas que ha conocido, y yo concuerdo con él.

Branson dijo durante la conferencia:

> Nuestra generación heredó un mundo hermoso de nuestros padres y ellos de los suyos. No hay que ser la generación que dañó irreversiblemente el medio ambiente. Es nuestra obligación entregar a nuestros hijos un mundo tan limpio como el que nos fue prestado a nosotros por nuestros padres.

Confesó durante su plática que antes era escéptico ante el fenómeno del cambio climático, sin embargo, después de conocer al ex vicepresidente de Estados Unidos, Al Gore, hoy está completamente convencido de que el mundo se está saliendo de control. Explicó que el monóxido de carbono es como un incendio forestal, que se propaga alarmantemente año tras año.

Continuó diciendo: «nuestra generación tiene el conocimiento, los recursos financieros y la voluntad para librarnos de la adicción al combustible altamente contaminante».

Lo que más le interesa es crear un combustible con desechos de granjas y leña para impulsar sus flotillas comerciales.

La idea es construir fábricas para generar etanol celulósico, que aprovecharán los desechos de las granjas y madereras para crear combustible 100% amigable con el medio ambiente, y que en veinte o treinta años podrá reemplazar el combustible tradicional, que sacamos de las entrañas de la Tierra.

Además, señala que el combustible generado a partir de desechos vegetales es considerablemente más económico que el producido de maíz o caña de azúcar, que son los insumos tradicionales del etanol, porque los desechos son un subproducto de otro proceso. Pero advierte que estamos apenas al inicio y que todavía faltan años para perfeccionar la tecnología.

Estoy convencido de que ser socialmente responsable es un principio básico que debemos abrazar. Por eso dedico toda una sección en «Principios profesionales» a ello.

Te invito a reflexionar sobre lo que está haciendo Richard Branson y a pensar cómo, a tu nivel, puedes también ayudar a heredar una Tierra por lo menos tan limpia como la que recibiste de tus padres.

Para conocer mejor a este extraordinario ser humano, te exhorto a ver una entrevista que se le hizo en TED. (ted.com/index.php/talks/ richard_branson_s_life_at_30_000_feet.html)

También puedes ver su biografía en virgin.com/richard_branson/ autobiography/ o leer su libro *Losing my Virginity*.

Respuesta: Richard Branson, de Virgin, es conocido como el billonario rebelde.

5. El empresario más verde del mundo

Pregunta: ¿Quién es el héroe del planeta?

1. Superman.

2. Ray Anderson.

3. El Partido Verde.

Ahora, quiero presentarte a otro hombre coherente, con la firme intención de ayudar a salvar el mundo. Él ha sido reconocido como el presidente de empresa más verde del mundo.

Ray Anderson es dueño de Tapetes Interface, que produce y vende 38% de todas las alfombras modulares del mundo. Es una empresa muy grande, con ventas por más de mil millones de dólares al año.

Él también nos dice que es una falacia que una empresa no puede hacer el bien y que le vaya bien. Y utiliza su compañía, que depende de materias primas muy contaminantes, como ejemplo.

Déjame compartir contigo algunos datos interesantes:

En 1997 se llevó a cabo la firma del Tratado de Kyoto, buscando generar un acuerdo mundial que lograra reducir en 7% la emisión de gases invernadero para el año 2012, en relación con 1991. Muchos industrialistas norteamericanos protestan amargamente. Dicen que es imposible y que si se les obliga quebrarán. Sin embargo, Interface, entre 1996 y julio de 2009, ha reducido su emisión de gases invernadero no en 7%, sino en 82%, al mismo tiempo que ha incrementado sus ventas y duplicado sus utilidades.

Su relato inspira. Nos cuenta:

> Un día aprendí que los desechos de mis tapetes, una vez que iban a parar al basurero, permanecerían ahí contaminando la Tierra por 20,000 años. Sí, 20,000 años.
>
> Me di cuenta que yo era parte de un sistema terriblemente derrochador, que toma, transforma y desecha recursos naturales sin piedad.
>
> Un sistema que a fin de cuentas sólo aprovecha 5% de todos los recursos que toma de la Tierra, y deshecha el otro 95%, enterrándolos en tóxicos basureros, arrojándolos a los ríos y mares, envenenando a toda la vida que habita ahí, o quemándolos, contaminando el aire y generando el calentamiento global.

Simplemente pensemos en todos los productos que llevamos diariamente a nuestro hogar; sus envases representan 50% de su composición y terminan en la basura.

Se estima que la generación de basura *per cápita* es de un kilo por día. Imagínate, tú y yo, cada uno de nosotros, estamos generando más de 365 kilos de basura por año.

Ray continua:

Mi industria es particularmente intensiva en el uso de la petroquímica, por lo tanto nosotros somos de los que más contaminamos. Me acuerdo, en 1996, cuando le pregunté a mis ingenieros qué tantos recursos naturales se habían extraído de la Tierra el año anterior para fabricar nuestros tapetes, me respondieron que más de 500 millones de kilos y que debido a nuestros procesos, la gran mayoría de esos recursos naturales habían terminado incinerados en el aire.

Quería vomitar. Tanto mi empresa como todas las otras empresas industriales estamos saqueando la Tierra, acabando con los recursos naturales y envenenado el aire, el agua y el suelo. Y pensé ¡es criminal! Algún día meterán a la cárcel a la gente que hace lo que yo estoy haciendo.

Ese año iniciamos la escalada de la gran montaña de la sustentabilidad con el objetivo de alcanzar la emisión cero. Hoy ya vamos a más de la mitad del camino y se ve claramente la cima. En el año 2020, seremos una empresa 100% sustentable.

Espero que lo que hemos hecho le abra los ojos a mis compañeros industrialistas. Éste es un caso de éxito real, que demuestra que la sustentabilidad es alcanzable y que es buena para el negocio y bueno para el mundo.

En los últimos 15 años nuestros costos han bajado, no subido como todos predicen. Hemos ahorrado 400 millones de dólares en la persecución del cero desperdicio, y esto ha pagado todos los gastos de investigación, desarrollo e implantación en nuevos sistemas en nuestras fábricas.

Además, nuestra gente está muy motivada por trabajar para un fin superior y esto atrae y retiene al mejor personal.

Y la buena voluntad del mercado es sin duda el mejor motor de ventas. Ningún tipo de publicidad ingeniosa puede crear la buena voluntad que hemos logrado alrededor de nuestros productos.

Dice Anderson que hay que cambiar la ecuación de medir la prosperidad con base en la afluencia, por medir la afluencia con base en la felicidad. Enseña que el fin de la vida humana no debe ser simplemente acumular, sino que las cosas que adquirimos deben tener un fin, y que ese fin debe ser aumentar nuestra felicidad. Insiste en que si abrazamos este principio, reestructuraremos la misma fibra de la sociedad, logrando que la raza humana aprenda a vivir con menos cosas, al mismo tiempo que se torne más feliz.

Explica que una sociedad que vive en equilibrio con los procesos naturales, se convierte en sociedad viable, que prosperará por diez, cien, mil generaciones… hasta el futuro indefinido.

Dice que los industrialistas son los que han creado el desorden y que son los únicos que tienen la capacidad para resolverlo y evitar que la raza humana caiga en el abismo, generado por un consumo insustentable y criminal.

Enfatiza: «si nosotros, una empresa intensiva en procesos petroquímicos, podemos crear un sistema industrial limpio, cualquiera puede hacerlo, y si cualquiera puede hacerlo, entonces todos podemos hacerlo».

Y concluye diciendo que cada uno de nosotros somos una parte integral de la red de la vida y todos tenemos una decisión que tomar en esta breve visita al planeta azul, lastimarlo o ayudarlo, depende de ti; y pregunta a cada uno de nosotros ¿y tú, qué vas a hacer, ayudarlo o lastimarlo?

Espero que este relato también te haya *movido el tapete* y que concuerdes conmigo en que es urgente que cada uno de nosotros pongamos de nuestra parte para que, junto con Ray y Richard, salvemos el mundo.

Te invito a ver una breve conferencia que dio Ray a principios de 2009 en TED: ted.com/talks/lang/spa/ray_anderson_on_the_business_logic_of_sustainability.html

Respuesta: De acuerdo con la revista *Time*, Ray Anderson, de Tapetes Interface, es el empresario más verde del mundo y un héroe del planeta.

6. La sabiduría del ser positivo

Pregunta: ¿En qué radica la felicidad?

1. En una economía estable.

2. En una familia unida.

3. En nuestra actitud.

Haz una pausa y reflexiona sobre qué es realmente importante y cómo afrontar momentos difíciles con sabiduría.

Ésta es la historia de Viktor Frankl, uno de los tres grandes psicoterapeutas provenientes de Viena, Austria. El primero fue Sigmund Freud, quien profesaba que lo más importante es el placer. En esa misma época estuvo Alfred Adler, quien profesaba que lo más importante es el poder. Y finalmente vino Viktor Frankl, quien profesó que lo más importante es el ser.

Frankl creó la revolucionaria metodología llamada logoterapia, que se basa en ayudar a la persona a encontrar lo que le da sentido a su vida.

Nos enseña que somos libres para escoger nuestro propio destino, y que no debemos convertirnos en títeres de nosotros mismos ni de los demás. Nos demuestra, a través de su ejemplo, que nadie te puede hacer sufrir si tú no le das permiso.

Situémonos en 1942.

Viktor es un médico célebre, de 37 años, recién casado. Su vida parece perfecta; amor, prestigio, bienes materiales... y luego un día llega la Gestapo, y se lo llevan a él, a su esposa y a sus padres al temido campo de concentración, Auschwitz.

Viktor ya había iniciado el desarrollo de su teoría sobre nuestro poder para determinar nuestra felicidad. Y fue precisamente en el campo de concentración, despojado de todo lo material, de su prestigio y de sus seres queridos, donde, quedándose sólo con su esencia, con su ser, puso a prueba su teoría y descubrió detalles de la vida y de sí mismo realmente importantes; por ejemplo, que tenía la capacidad para determinar cómo reaccionar ante cualquier circunstancia, por difícil que fuera, y que nadie lo podía hacer sufrir si no le daba permiso.

Entendió y vivió lo que había enseñado Aristóteles 2,300 años antes: que hay que enfocarse en la felicidad, porque es el sentido y la razón de vivir que encierra el objetivo y finalidad de la existencia humana.

Viktor escogió ser feliz aquí y ahora, en el entorno más nefasto del mundo, y esa sabiduría le salvó la vida. Sirvió como guía e inspiración tanto para los internos como para los mismos soldados alemanes, quienes veían en él un ser coherente, lleno de luz. Y como en el caso de Mahatma Gandhi, aun sus peores enemigos no podían asumir la responsabilidad de quitarle la vida.

Durante su cautiverio, su gran tesoro eran los pedacitos de papel que encontraba, para poder llevar su diario acerca de los descubrimientos del milagro de estar vivo. Y fue así que Viktor, mientras vivía el momento más difícil de su existencia, escribió el libro *El hombre en busca de sentido*, que ha inspirado y cambiado la vida de millones de personas.

Viktor nos enseña que la vida cobra valor a través del trabajo, el amor y la transformación del dolor, y que la finalidad es encontrar el sentido a nuestra propia vida.

Como decía el filósofo alemán Friedrich Nietzsche: «quien tiene un por qué para vivir, puede soportar cualquier cómo». El problema es que muy a menudo el ser humano vive en piloto automático, adaptándose a lo que viene, y pierde el sentido de por qué está aquí.

Viktor nos invita a regresar al origen, a la búsqueda de la felicidad, y a entender que la vida es maravillosa para la gente que le paga tributo mediante la coherencia.

Con esto en mente, quiero invitarte a hacer un pequeño ejercicio basado en una metodología de Frankl, llamada *psicodrama*, que nos ayuda a poner en perspectiva lo realmente importante. Llamó al ejercicio «el consejo de mi viejo», el cual invita a reflexionar sobre qué cambiarías en tu vida, si tuvieras una segunda oportunidad para vivirla.

Va así: imagínate que tienes cien años y que la mejor parte de tu vida ya pasó. De pronto, un científico de la NASA que ha inventado una máquina del tiempo, te invita a teletransportarte de regreso a este preciso momento y te ofrece quince minutos para que tu viejo te dé consejo sobre lo que deberías cambiar en tu vida hoy, para que cuando llegues a los cien años, llegues libre de remordimientos del... *si sólo hubiera...*

Anímate, aprovecha este momento mágico para analizar tus deudas pendientes contigo mismo. ¿Qué te dice tu viejo? ¿Qué es lo que te reclamarás por haber hecho o no haber hecho cuándo tengas cien años?

- Deberías haber pasado más tiempo con tus seres queridos, con tus padres, con tu esposo o esposa, con tus hijos, con tus hermanos y hermanas, con tus amigos.

- Haber hecho más ejercicio.

- Desarrollado algún talento que Dios te dio, como cantado, bailado, pintado.

- Deberías haber dedicado tu vida a otra carrera, una que te llenara, una para la cual tienes vocación.

- Posiblemente, cargas algún rencor... y te pide que te liberes de él de inmediato.

- O quizás te recuerda que debes reír más, mucho más, y tomarte mucho menos en serio.

Es fascinante lo inteligentes que realmente somos cuando nos hacemos este planteamiento. Ha sido demostrado con pacientes con enfermedades terminales, como el cáncer, que cuando saben que van a morir y se hacen este planteamiento, saben perfectamente en que se están fallando a sí mismos y lo que es realmente importante en su vida.

La buena noticia es que no te tienes que estar muriendo para acceder a esta sabiduría.

Te invito a que aproveches este momento, aquí y ahora, para poner más orden en lo que realmente cuenta en tu vida.

Recuerda que primero definimos nuestros hábitos, y luego, nuestros hábitos nos definen. Toma en serio tus deudas contigo mismo y aparta tiempo en tu agenda semanal para ir convirtiendo en hábitos lo que le da sentido a tu vida. Con el tiempo los hábitos te formarán y te convertirás en una persona coherente y extraordinaria. Una persona que tanto tú como los demás pueden amar incondicionalmente.

Aprendamos de Viktor Frankl. Aprendamos a ser felices dándole más sentido al tiempo que estemos sobre esta maravillosa Tierra.

Respuesta: Según Viktor Frankl (1905–1997), sobreviviente de cuatro campos de concentración, incluyendo Auschwitz, nuestra felicidad radica en nuestra actitud.

7. El futuro según Ray Kurzweil

Pregunta: ¿A qué científico-inventor admiran más Bill Gates y Bill Clinton?

1. Thomas Edison.

2. Albert Einstein.

3. Ray Kurzweil.

Para darte un poco de historia. Ray nació en 1948. En 2002 fue electo para el Salón de la Fama de los grandes inventores de todos los tiempos.

Entre otros reconocimientos que ha recibido están:

- Inventor del año MIT.

- Quince doctorados *Honoris Causa.*

- Dos reconocimientos presidenciales.

Ha escrito varios libros, entre ellos: *La era de las máquinas espirituales, La singularidad se aproxima: cuando los humanos trasciendan su biología,* que también fue transformado en una película estelar, *Un viaje fantástico: la ciencia detrás de la extensión radical de vida* y *Trasciende: nueve pasos para vivir eternamente saludable.*

Como todo gran genio, las historias detrás de sus inventos siempre son conmovedoras. Te platico una: cierto día conoció al cantante y compositor ciego Stevie Wonder y se convirtieron en grandes amigos.

Ray, quien había inventado el sistema de reconocimiento de voz precisamente para apoyar a la gente ciega, decidió perfeccionar el sintetizador musical para deleitar a su nuevo amigo, y creó el primer sistema de cómputo capaz de reproducir fielmente el sonido de un piano de cola en forma electrónica.

No sorprende que Stevie, el cantante que se hizo famoso por la canción *You are the sunshine of my life* (Eres el sol de mi vida), diga: Ray *is a sunshine in my life* (es un rayo de sol en mi vida).

Tomemos un momento para analizar el impacto que tendrán sobre nuestras vidas los sistemas de reconocimiento de voz y escáneres, conforme evolucionen.

Los sistemas de reconocimiento de voz terminarán con la brecha que existe entre la gente que puede utilizar una computadora, porque sabe mecanografiar, y la gente que hoy se encuentra seriamente limitada por carecer de esa habilidad.

Estos sistemas ya empiezan a estar en todas partes. Por ejemplo, he escrito parte de este libro utilizando un sistema creado por Ray, que me permite dictarle a mi computadora más rápido de lo que puedo escribir.

Ya existen sistemas precarios de reconocimiento de voz que utilizan las aerolíneas para operaciones rutinarias como dar los horarios de vuelos, que están tan bien hechos que es difícil distinguir si te está atendiendo una máquina o un ser humano.

Y los sistemas de reconocimiento de voz de traducción simultánea avanzada, que traducen frases en vez de palabras, están a la vuelta de la esquina en el ámbito civil. Dentro de poco, cualquier persona podrá comunicarse fácilmente con cualquier otra persona en el mundo, independientemente de la lengua que hable. A través de sistemas telefónicos de reconocimiento de voz y traducción simultánea, cada uno hablará y escuchará en su propio idioma.

La Agencia de Investigación Avanzada de Defensa de Estados Unidos (DARPA), la misma agencia que inventó el GPS y perfeccionó el Internet, ya lleva un avance impresionante en la traducción automática precisa. Resulta que lanzaron en Irak, en 2005, su primer prototipo de un sistema computacional de traducción simultánea del árabe al inglés, con un nivel de precisión de 50%. Para finales de 2008 ya había alcanzado 90% de exactitud y el objetivo es llegar, en 2011, a la extraordinaria precisión de 94%. Y a partir de ahí contar con la capacidad para desplegar, en sólo cien días, nuevos sistemas de traducción simultánea en cualquier idioma.

El perfeccionamiento de esta nueva tecnología, cuando sea aplicada al mundo civil, creará la primera verdadera lengua universal, de manera que cada quien hablará en su propio idioma y el otro lo escuchará y responderá en su propio idioma.

Otro de los adelantos en el cual participó Ray, el escáner, está avanzando a pasos agigantados. Hoy existen escáneres precarios, que imprimen en tercera dimensión. Cuando avancen, también tendrán un efecto profundo sobre nuestras vidas.

En la Medicina sucede algo similar. Ya existen hospitales que cuentan con escáneres en tercera dimensión para reproducir estructuras óseas. Ahora, si una persona sufre un accidente automovilístico y se le destruye la mitad de la cara, el médico puede fotografiar la otra mitad y construir, usando un programa de simulación, una nueva estructura ósea basándose en la existente.

Y éste es sólo el principio. Detengámonos un momento para pensar cómo esto podrá afectar el comercio mundial de productos de consumo. Imagínate cuando cada casa cuente con su propio escáner en tercera dimensión; las empresas de mensajería podrían ser desplazadas. También, los consumidores podrían personalizar todos los productos a su gusto y conveniencia. Estamos hablando de una verdadera revolución.

Hoy, empresas como HP, que fabrican impresoras, están experimentando con la creación de impresoras que ya no son de inyección de tinta, sino de inyección de células, y están en la antesala de poder imprimir corazones humanos vivos.

Todo esto y más llegará y cambiará para siempre lo que nosotros consideramos real y factible, tal como sucedió con el invento de la luz eléctrica, de Thomas Alva Edison, que transformó la noche en día.

Ahora, piensa en tu negocio, cómo pueden estas nuevas tecnologías ayudarte o perjudicarte. Haz una lista de oportunidades y amenazas, y adelántate al futuro capitalizando este conocimiento a tu favor.

Otro aspecto de este prolífico inventor y científico, Ray Kurzweil, es su pasión por la salud, que se refleja en cómo enfrentó y dominó su propia diabetes.

Situémonos en el año 1983. Ray tiene 35 años y es diagnosticado con diabetes tipo 2. Su médico le receta el tratamiento habitual de insulina. Al poco tiempo Ray empieza a engordar y engordar, y a consumir más y más insulina.

Conforme avanza el tratamiento crece su sensación de que algo no está bien, y cada vez pregunta con más insistencia a su médico si no está en un círculo vicioso.

Finalmente, un día su médico, que era un hombre de la vieja escuela y de poca visión, se desespera de tanto cuestionamiento y le responde que él tiene que atender a pacientes que están realmente enfermos y que no tiene tiempo para ocuparse de sus preguntas.

Ray decide en ese momento, que él va a encontrar la respuesta al dilema. Deja de tomar insulina y empieza a controlar su padecimiento mediante nutrición adecuada, ejercicio y control de estrés. Al poco tiempo pierde 25 kilos y se siente mejor que nunca.

Diez años después siente la necesidad de compartir su visión y experiencia, escribiendo un libro llamado *La solución para una vida saludable*, que inmediatamente se convirtió en un *bestseller*.

Luego, en 1999, durante una conferencia sobre la vanguardia en la salud, conoce al doctor Terry Grossman, especialista en estrategias de longevidad, e inicia con él una profunda y prolífica amistad, que resulta en 2005, en la publicación del libro en conjunto *Un viaje fantástico: la ciencia detrás de la extensión radical de vida* y en 2008 en la publicación de *Trasciende: nueve pasos para vivir eternamente saludable*.

Hoy, Ray tiene sesenta años y su doctor dice que tiene el metabolismo de un hombre de 45 años. Esto gracias a la disciplina con que conduce su vida diaria.

Es fascinante su visión de cómo vivir una vida sana a través de la medicina preventiva.

Por ejemplo, dice que las tablas de nutrición que maneja la Secretaría de Salud de Estados Unidos están totalmente equivocadas, porque conforme envejece, un ser humano requiere de suplementos agresivos de vitaminas y minerales para contrarrestar la oxidación del cuerpo y fomentar la regeneración de células, órganos y capacidades.

Nos explica que la ciencia ha avanzado a tal punto que el ser humano tiene una capacidad nunca antes vista para controlar su salud. Recomienda que nos hagamos un estudio genético para entender nuestra composición metabólica y capitalizar los adelantos científicos para compensar las deficiencias hereditarias.

Ray y el Dr. Grossman dicen que se trata de reprogramar nuestra bioquímica para vivir mejor, durante más años, desarrollándonos a plenitud.

Felices de vivir en la época actual, integran a sus programas los nuevos adelantos que surgen en la ciencia día con día. Comparten con otros expertos la visión de que, a partir del 2010, estaremos en capacidad de añadir un año de expectativa de vida cada año, conforme avanzamos hacia el futuro.

También han creado una compañía que produce y comercializa los suplementos alimenticios que ellos han desarrollado para sí mismos.

Por ejemplo, han creado un suplemento antioxidante compuesto de una agresiva dosis de vitaminas y minerales, que contrarrestan el desbalance metabólico generado por la oxidación e inflamación crónica que puede degenerar en cáncer, problemas coronarios, hepáticos y pulmonares. Y han constatado que estos complementos ayudan a mejorar la circulación, la vista, la memoria y contrarrestar inflamaciones crónicas como las que producen las hemorroides. ¡Wow!

El segundo pilar de su programa es hacer ejercicio. Señalan que nuestro cuerpo no fue diseñado para ser sedentario y que la falta de ejercicio es otro fenómeno fatal de la vida moderna. Resulta que hacer media hora de caminata, tres o cuatro veces a la semana, reduce a una tercera parte el riesgo de sufrir un ataque al corazón.

Finalmente, el tercer pilar es el manejo del estrés. Hablaré más del ejercicio y el manejo del estrés en el próximo apartado del libro, «Principios íntimos».

Aquí hay algunas sugerencias que nos hace para afrontar la vida con sabiduría, como él lo ha hecho:

- Toma responsabilidad por tu bienestar.

- Sé integro.

- Sé optimista.

- Busca la belleza.

- Sigue aprendiendo.

- No te preocupes demasiado de lo que piensan los demás, salvo que puedas aprender algo de ello.

- Sé agradecido y demuéstralo.

- Date a alguien.

- Y practica soñar despierto, rezar o meditar.

Para concluir, se dice que salud no es la ausencia de la enfermedad, sino la optimización de nuestro potencial en todos los aspectos de nuestra vida. Al igual que con la sugerencia sobre analizar tu negocio, te pido que analices tu vida. Aunque no tengas diabetes, el equilibrio de dieta, ejercicio y manejo del estrés son fundamentales. Pregúntate que tan bien estás y que podrías hacer para estar aún mejor.

Para conocer más sobre Ray, puedes ver la conferencia «¿Cómo nos transformará la tecnología?» en: ted.com/index.php/talks/ray_kurzweil_on_how_technology_will_transform_us.html

Respuesta: Ray Kurzweil es el científico e inventor futurista más admirado por Bill Gates y Bill Clinton. Muchos lo consideran el Thomas Alva Edison de nuestra época. Yo lo considero el Leonardo da Vinci, por su interés en tantos ámbitos que afectan la vida humana.

3

Principios íntimos

1. El ego pernicioso

Pregunta: ¿Qué es el ego?

1. Una forma de soberbia o arrogancia.

2. La siglas de Examen General de Orina.

3. El yo.

El Renacimiento nos trajo muchas cosas maravillosas y otras no tan buenas, como el enaltecimiento del ego y la construcción del templo al raciocinio.

Tomemos por ejemplo a René Descartes (1596-1650), considerado el padre de la filosofía moderna. Su aportación a la ciencia fue valiosísima.

Desarrolló una corriente basada en el escepticismo, la cual profesaba que hay que rechazar todo lo que no se puede comprobar por el método científico.

Enseñaba que el cuerpo funcionaba como una máquina, y su teoría ha llegado hasta nuestros días apoyando la creación de la computadora y hasta la inteligencia artificial.

Sin embargo, el fundamento de su tesis *Je pense, donc je suis*, (pienso, por lo tanto soy), es un postulado, desde mi óptica, totalmente egocéntrico. Más bien yo creo que la realidad es justamente lo contrario: yo soy y por lo tanto pienso.

Su filosofía establece un nuevo paradigma de lo que es ser humano, colocándonos como el ser supremo, por arriba de la naturaleza, del bien y del mal; dándonos, en nuestra estrecha visión racional, el derecho de lucrar impunemente con todo lo existente.

Hoy, cuatrocientos años después, nos encontramos en medio de una crisis existencial. El templo al pensamiento racional nos ha generado desequilibrios. Los seres humanos somos más, mucho más que simples máquinas, destinadas a explotar, transformar y consumir la naturaleza.

El problema con el templo al raciocinio es que se basó en simplemente desarrollar una parte de nuestra inteligencia.

Como vimos en el apartado 4 del capítulo anterior, «Cuenta la sensibilidad humana», hoy sabemos que nuestra mente está compuesta de dos hemisferios, cada uno con funciones diferentes y válidas, que entre los dos nos generan sabiduría, propósito y equilibrio.

Hemisferio izquierdo	Hemisferio derecho
Lógico	Intuitivo
Secuencial	No lineal
Racional	Holístico
Objetivo	Subjetivo
Ve las partes	Ve el todo

El haber centrado nuestra valía, desde el Renacimiento hasta el presente, exclusivamente en las funciones del hemisferio izquierdo, nos generó grandes avances tecnológicos y científicos, pero al costo de un desequilibrio emocional, humano y ambiental.

El problema es que cuando no desarrollamos nuestra mente completa, podemos racionalizar y justificar hasta las peores atrocidades.

«El fin justifica los medios» es otro templo a la inteligencia, que ha infligido más sufrimiento e incoherencia que cualquier otro pensamiento en la historia de la humanidad.

Este pensamiento nos da buena conciencia para mentir, matar y destruir impunemente.

La idea fue pronunciada por Nicolás Maquiavelo en su libro *El príncipe*, escrito en 1513, el cual se ha convertido, a través de los años, en el libro de cabecera de muchos políticos y hombres de negocios.

Es interesante saber que Maquiavelo escribió el libro en honor al infame Rodrigo de Borja, o sea el Papa Alejandro VI y sus hijos César y Lucrecia Borja. El Papa casaba a Lucrecia con diversos personajes, para obtener favores políticos, y su hermano, César, los mataba cuando su padre ya no tenía necesidad de ellos.

Fue, sin duda, una época en la que el ego pisoteó los auténticos principios espirituales, declarando que el hombre es el ser supremo y que todo en la Tierra le pertenece para hacer y deshacer con ella a su antojo.

Hoy, casi cinco siglos después, vemos la insensatez de esta visión renacentista. Yo no soy porque pienso, sino que pienso porque soy. El fin no justifica los medios. El ser humano es una parte indivisible en el delicado equilibrio de la vida y no tiene derecho a hacer y deshacer impunemente. ¡No! El que tiene más capacidad, tiene más responsabilidad. Nuestra inteligencia debe estar al servicio de la coherencia y no del egoísmo.

Una vez más, hago un llamado a la congruencia. Recordemos lo que nos enseñó Aristóteles hace 2,300 años, que la felicidad es la finalidad de la existencia humana y que ésta se logra a través del equilibrio entre la mente, el cuerpo y el espíritu.

El culto a la ciencia, a la inteligencia y a la lógica es bueno. Pero hay que complementarlo con el culto al arte y a la espiritualidad, al mismo tiempo que nos ocupamos de nuestro cuerpo y del medio ambiente.

La vida es un bello y delicado equilibrio entre la mente, el corazón, el cuerpo y el espíritu. Hoy más que nunca requerimos desarrollar nuestras cuatro inteligencias para alcanzar la coherencia y la felicidad que tanto anhelamos.

Para concluir, un último pensamiento para guiar nuestra vida: cuando tu mente te dice algo y tu corazón te dice otra cosa, siempre hazle caso a tu corazón, porque éste no sabe mentir.

¿Y tu ego está bajo control? Recuerda que sólo la coherencia puede conducir a la verdadera felicidad. Apunta en tu cuaderno cómo puedes ser más sencillo y auténtico.

Respuesta: De acuerdo con la Real Academia de la Lengua Española, el ego puede ser el «yo» o un exceso de autoestima. Para mí, es una forma de soberbia o arrogancia muy nociva.

2. El manejo del estrés

Pregunta: ¿Qué porcentaje de nuestro tiempo debemos dedicarle al ejercicio, para llevar una vida más equilibrada y con menos estrés?

1. 10%

2. 5%

3. 1%

Ejercitarnos es un hábito que todos debemos tener. Expertos han encontrado que hacer ejercicio mejora nuestro humor, reduce la ansiedad y el estrés e incrementa dramáticamente nuestra salud física y mental.

¿Por qué tomar en serio el ejercicio y el combate al estrés? Porque de 80 a 90% de todas las enfermedades están ligadas al estrés; éste baja nuestras defensas y puede generar desde gastritis hasta cáncer. Incluso lleva a algunas personas al suicidio.

La respuesta de la medicina moderna es dar medicamento e incluso antidepresivos para tratar los síntomas del estrés, pero éstos no atacan la raíz del problema. Lo que es más, muchas veces tales medicamentos, aunque ayudan a adormecer el malestar, pueden generar otro tipo de problemas colaterales a la salud, incluso adicción.

¿Qué es exactamente el estrés y que lo provoca?

El estrés es algo natural y forma parte de la vida. Nuestro cuerpo está habilitado para enfrentar situaciones adversas a través de la liberación de adrenalina, la cual nos da una explosión de energía para pelear o huir. Sólo que en la vida moderna, esto no es siempre posible, aconsejable o deseable.

Imagínate dejar tu auto en medio de la calle y salir huyendo la próxima vez que te encuentres en un embotellamiento, o abofetear a tu jefe la próxima vez que tengas un desacuerdo con él.

Lo que hay que entender es que, si el disparo de adrenalina es accionado muchas veces sin que hagas nada al respecto, terminará por convertirse en un veneno en tu organismo que afectará tu salud física y mental, manifestándose a través de tensión acumulada en el cuello y la espalda. O en casos más severos, en úlceras y crisis de ansiedad.

¿Qué hacer?

El ejercicio es un buen punto para empezar.

El ejercicio es 100% natural y, hecho con mesura, no tiene efectos negativos secundarios, sino todo lo contario. Entre sus ventajas destacan:

• Te da un sentimiento de propósito y de logro.

- Produce rápidamente liberación del estrés.

- Hacer ejercicio produce endorfinas, que generan felicidad y cambian tu óptica hacia ti mismo y hacia los demás.

- El ejercicio te permite estar aquí y ahora y dejar de pensar en el pasado o preocuparte por el futuro, para disfrutar el momento.

¿Por dónde empezar?

- Consulta a tu médico antes de iniciar cualquier programa de ejercicio, especialmente si tienes dudas sobre tu salud.

- Escoge una actividad que te guste para mantenerte motivado: caminar, bailar, nadar, hacer yoga. ¡Hay tantas opciones!

- Los mejores ejercicios para combatir el estrés son suaves, no de alta competitividad.

- Combina ejercicios cardiovasculares y de estiramiento. Con tres o cuatro sesiones de veinte a cuarenta minutos por semana es suficiente.

- Se trata de entrar en «la zona», esto es, hacer suficiente esfuerzo para que sea un reto, pero no tanto para que se convierta en dolor. Suavecito, rico y con regularidad.

Algunas técnicas sencillas para la vida diaria:

- Usa las escaleras en vez del elevador.

- Practica respirar profundamente y cuando inhalas imagínate que te cargas de energía, fuerza y alegría, y cuando exhalas imagina que liberas tu tensión.

- Gira la cabeza y ejercita los hombros para liberar tensión en cuello y espalda. ¡Es riquísimo!

- También para el oficinista es importante ejercitar sus dos principales instrumentos de trabajo: los ojos y las manos.

- Ejercita los ojos levantando la vista lo más posible hacia el entrecejo y aguanta diez segundos, después baja la mirada a la punta de la nariz y haz lo mismo.

- También estira y flexiona los dedos de las manos y gira las muñecas para contrarrestar el síndrome del túnel carpiano y la artritis.

No lo pienses, ¡inténtalo ahora! Respira profundamente. Gira la cabeza y baja los hombros. Estira los dedos. ¿Ves qué rico se siente?

Hay que aprender a escuchar a nuestro cuerpo y entender que las primeras señales del dolor físico son una llamada de atención a la que debemos atender.

Si nos duele la espalda, hay que hacer ejercicios para fortalecer esta zona. Si nos duelen las manos, hay que estirar los dedos y rotar las muñecas. El dolor nos está pidiendo coherencia y nos está indicando dónde debemos poner nuestra atención.

Cuando hemos convertido al hacer ejercicio en un hábito, contamos con una importante reserva de tranquilidad, que nos ayuda a enfrentar con sabiduría las situaciones adversas de la vida y a recuperar más rápidamente nuestro equilibrio.

No dejes pasar la oportunidad de hacer ejercicio. Una vez más insisto en que el secreto de la vida es adquirir hábitos que nos proporcionen felicidad. El ejercicio es uno de ellos. Éntrale con cariño y te responderá con paz, alegría y serenidad.

Respuesta: Una semana tiene 168 horas, basta dedicar 1% del tiempo a ejercitarnos, esto es, una hora y media por semana, para cambiar nuestra vida.

3. Afronta el miedo

Pregunta: ¿Cuál es el principal peligro del miedo?

1. Que te paralice y no hagas nada.

2. Que la gente se aleje de ti por negativo.

3. Que se propague y genere una psicosis colectiva.

El miedo es pernicioso. Mina nuestra seguridad. Destruye nuestra ambición. Apaga la imaginación. Mata el entusiasmo. Nos convierte en sarcásticos y ofensivos. Frena nuestra iniciativa. Causa insomnio. E invita al desastre de muchas maneras.

Pero lo más peligroso del miedo, en momentos como el que vivimos, es que paraliza. Precisamente ahora, en medio de la turbulencia económica mundial, el miedo está generando una psicosis colectiva por la cual la gente deja de hacer, y esa falta de actividad afecta el mercado, generando más miedo, que se alimenta de sí mismo, convirtiendo en realidad nuestros peores temores de recesión.

La única forma de sobreponerse a este círculo vicioso es a través de la acción individual. Hay que salir del letargo y enfrentar la nueva realidad con determinación y entusiasmo.

Ahora, profundicemos más en el tema. Veamos todos los efectos negativos que el miedo tiene sobre nosotros y qué hay que hacer para superarlo.

Tomemos un momento para hacer un pequeño examen y analizar si tenemos miedo y cómo se está manifestando en nuestra vida. Porque sólo un examen sincero puede ayudarnos a descubrir la verdad y liberarnos de este terrible enemigo. Conforme leas esta lista de los principales síntomas del miedo, pregúntate en lo profundo de tu ser, si tú padeces de alguno de ellos. La persona presa del miedo:

- Carece de confianza en sí misma.

- Se da por vencida a la primera y se compadece.

- Le falta ambición y acepta lo que venga.

- Es envidiosa y constantemente critica a los demás.

- Es perezosa y deja todo para mañana.

- Anda con la cara larga.

- Da excusas, justificando por qué no pudo lograr algo.

Si te viste reflejado o reflejada en alguno de estos puntos, te invito a tomar acción. Tenemos que sobreponernos al miedo, porque si no lo hacemos es capaz de destruir cualquier iniciativa que tomemos.

Al igual que el miedo, la esperanza también es contagiosa. Hay que entender que la preocupación no sirve de nada. Hay que enfrentar con decisión todas las cosas que nos inquietan. Hacerlo forja nuestro carácter y nos fortalece.

Una persona temerosa destruye sus oportunidades de éxito, porque emite adrenalina de miedo, que es tan poderosa y desagradable que aleja a los demás.

Y esto es en el mejor de los casos… Porque si te encuentras con otra persona temerosa y enojada como tú, puedes encender en ella su propia conciencia de malestar, lo cual la hará reaccionar en forma agresiva. Porque lo que más nos disgusta de los otros, es el reflejo de nuestros propios defectos.

Por lo tanto, hay que tener mucho cuidado con lo que pensamos, porque nuestro pensamiento negativo empieza por destruir nuestro ánimo y termina por destruir nuestra salud.

Recuerda lo que nos enseñó Viktor Frankl, tú tienes la libertad para decidir cómo vas a reaccionar frente a todos los acontecimientos de tu vida.

Eres el maestro de tu destino. Toma control de él. Rechaza los pensamientos negativos que te causan dolor y alejan a los demás.

Para concluir me gustaría compartir cinco sugerencias:

1. Empieza por aceptar que el temor es uno de los instintos más primitivos que existen y que todos tenemos predisposición a él.

2. Entiende que la única forma de superarlo es enfrentándolo. Hay que desarrollar el hábito del trabajo honesto y del pensamiento positivo.

3. Aléjate de gente negativa. Ninguno de nosotros somos tan fuertes como para aguantar el bombardeo constante de la negatividad. Realmente, no nos damos cuenta de lo susceptibles que somos a las malas influencias que nos drenan la alegría de vivir. Entiende que, incluso aquel que consideras tu mejor amigo podría ser uno de tus peores enemigos, por la influencia negativa que ejerce sobre ti.

4. Busca amistades positivas que sean ejemplos para ti. Personas que te motiven a luchar y a superarte.

5. Finalmente, nunca olvides que tú eres el dueño y maestro de tu destino. Toma control de él. Aprende de Sam Walton, el fundador de Walmart, quien cuando le preguntaban qué opinaba de las crisis respondía que pensaba seriamente en ellas y decidía no participar.

¡Ánimo! Dile no al miedo, ponte a trabajar de verdad, con propósito y alegría, y se esfumará como el fantasma que es.

También, si estás asociado con gente negativa, desarrolla una estrategia para amablemente alejarte de ella.

¡Nunca olvides que naciste para ser feliz!

Respuesta: El miedo encarna todos estos peligros y más.

4. Libérate del rencor

Pregunta: ¿Cuando le guardas rencor a otra persona, a quién estás castigando?

1. A la otra persona.

2. A ti.

3. A ambos.

La decisión más transcendente que podemos tomar es perdonar a todos los que sentimos que nos han lastimado. Porque sólo si los perdonamos, podemos liberarnos de la cárcel del rencor en nuestra mente.

Y hay que entender que el perdón no tiene nada que ver con la otra persona. Perdonarle no significa que aprobamos lo que hizo. No, el perdón es un acto íntimamente personal. Tiene que ver contigo, con tu integridad personal y con tu capacidad para liberarte de algo que te hace daño. Se trata nuevamente de encaminar tu vida, para poder ser más feliz.

Sé que no es fácil. Pero vale la pena.

Cuántos de nosotros desperdiciamos el momento actual, estando enojados o tristes por algo que sucedió en el pasado. ¡Qué desgracia! Nada bueno puede venir de este constante reclamo de lo que ya pasó. Lo que es más, estas emociones negativas se mantienen vivas con base en el recuerdo, robándonos la dicha y alegría de poder pensar en todas las maravillosas posibilidades que nos depara el futuro.

El rencor existe solamente porque le damos vida y porque después lo mantenemos vivo pensando obsesivamente en cómo esto o aquello nos enfurece o entristece.

La buena noticia es que lo podemos superar, si lo dejamos de alimentar. Como un fuego, las emociones destructivas se apagan si les dejamos de echar leña.

Sustituir un pensamiento negativo por uno positivo nos da fuerza para seguir adelante y, poco a poco, ir olvidándonos del dolor y recuperar la felicidad.

Una regla fundamental para alcanzar la felicidad es entender que si un problema no tiene solución, entonces no hay problema.

Como dicen los alcohólicos anónimos (frase de San Agustín): «Señor, dame fuerzas para aceptar lo que no puedo cambiar, valor para cambiar lo que sí puedo, y sabiduría para distinguir la diferencia».

Muchos de nosotros guardamos algún resentimiento hacia uno o ambos de nuestros padres, hacia un hermano o hermana, esposo o esposa, un socio, jefe, o incluso hacia un mal negocio. Si es tu caso, suéltalo. Déjalo ir.

Reenmarca el problema. Pregúntate: ¿puedo pensar en algo bueno que haya salido de esa experiencia negativa? Posiblemente lo sucedido te hizo una persona más sabia, más sensible, un mejor ser humano. Si lo llevamos al extremo, hasta podríamos agradecerle a la persona que nos lastimó por habernos fortalecido; y de todos modos el pasado, pasado está.

Por ejemplo, si el problema es con nuestros padres, perdonémoslos. Ellos no tenían experiencia en ser padres; lo que es más, ellos fueron víctimas de su propia educación. Como todo ser humano, tuvieron sus fortalezas y debilidades. Tal como tú y yo hoy las tenemos. Acepta que hicieron lo mejor que pudieron en ese momento, y que las cosas son como son. Suéltalo… y sigue adelante con tu vida.

Nada ni nadie puede ejercer control sobre ti, si ya no esperas nada de ellos. ¡Libérate!

Una técnica extraordinaria es la de separarte del problema. Imagina por un momento que no te pasó a ti, sino a un conocido. ¿Qué consejo le darías? Ahora, toma tu propio consejo y aplícalo.

Si eso no te funciona, piensa en gente que admiras y úsala como ejemplo. Pregúntate cómo hubiese reaccionado él o ella en semejante circunstancia. Si no tienes muchos buenos ejemplos, lee biografías. Algunas de las que vimos al inicio de este libro pueden funcionar; por ejemplo Mahatma Gandhi, quien nos enseña que «perdonar es el valor de los valientes». «Solamente aquel que es bastante fuerte para perdonar, sabe amar».

Al aceptar la responsabilidad por nuestra vida y por lo que nos pasa, nos volvemos personas más positivas y podemos enfrentar mejor el enojo, la culpa, la tristeza y la frustración.

Brian Tracy, un autor que admiro, nos ofrece una fórmula para liberarnos del enojo y el rencor. Nos sugiere escribirle una carta al sujeto de nuestra desdicha.

La carta tiene tres partes:

1. Empieza diciendo: te perdono por todo lo que hiciste que me lastimó.

2. Sigue con una relación detallada de todo lo que te tiene enojado. Si son varias páginas, mejor. Hay que sacarlo todo.

3. Finalmente, termina la carta diciendo: te deseo todo lo mejor.

Después nos recomienda que le mandemos la carta a la persona que nos lastimó.

¡Hecho! Éste es un momento de gran alivio y gran liberación.

Brian Tracy nos recomienda también que no nos preocupemos por lo que piense la otra persona. Ya no es nuestro problema. Nuestro objetivo es liberarnos y recuperar nuestra paz mental para seguir adelante con la maravillosa vida que nos espera.

Si este tema toca tu corazón, te invito hacer el ejercicio. Quién sabe, podría cambiar tu vida.

Respuesta: Cuando le guardas rencor a otra persona te estás castigando a ti.

5. La risa es la mejor medicina

¿Cuántas veces más ríe al día un niño que un adulto?

1. 10 veces más.

2. 20 veces más.

3. 30 veces más.

Por favor grábate esta cifra: se estima que un niño ríe trescientas veces al día y un adulto sólo quince.

La pregunta es: ¿dónde se quedaron esas 285 carcajadas?

¿Acaso las cambiamos por enojo, pesimismo, frustración y desánimo?

¡Hay que recuperar la risa!

La risa es sana. Nos desinhibe. Nos relaja. Y nos conecta, haciéndonos seres humanos bellos, brillantes y atrayentes.

Sin embargo, para mí, y me imagino que para muchas otras personas, la risa condicionada a través de chistes o payasos a veces cuesta trabajo, porque busca provocar mi humor a través de la ironía, el cinismo y el doble sentido. Seth Godin, el gurú de la mercadotecnia, dice que el payaso es uno de los personajes más perversos que hay, porque hace reír a la gente a través de burlarse de la desdicha de la otra persona.

Creo que tiene razón.

Por eso, cuando leí en un libro de Daniel Pink acerca del nuevo movimiento mundial que se llama yoga de la risa, que se basa en reír sin razón, como lo hacen los niños y niñas, me llamó la atención y me di a la tarea de aprender más acerca de él y, si fuese posible, vivir la experiencia.

Un poco de historia.

El movimiento nació en un parque vecinal en Mumbai, India, en 1995, por inspiración del doctor Madan Kataria, un médico familiar que quería comprobar si la risa realmente era la mejor medicina.

Fue temprano en la mañana al parque de su colonia y logró convocar a cuatro o cinco personas que estaban ahí, para hacer una sesión de risa. El ejercicio básicamente consistía en contar chistes. Día con día crecía el número de participantes. Pero a los diez días se les habían acabado todos los chistes; además, algunas personas se sentían ofendidas por algunos de los chistes que se contaban. En ese momento, cayó el rayo de luz: la esposa del doctor Kataria, que era maestra de yoga, le comentó de un artículo que había leído que decía que el cuerpo no distinguía entre la risa simulada y la risa real, y le sugirió a su marido combinar ejercicios de risa con ejercicios de respiración de yoga, y así nació el concepto del yoga de la risa.

Resulta que este descubrimiento fue genial. Combinar la risa con ejercicios de respiración, y abordar la risa como un ejercicio corporal, hace que reírse sea algo fácil, aun si estás de mal humor o deprimido.

Explica Kataria que el humor no es prerrequisito para la risa. El objetivo es lograr una risa no condicionada al pensamiento. Explica que si estás riendo, no estás pensando, y que esto es un tipo de meditación que conduce al estar aquí y ahora, y a la alegría.

Otra cosa que dice, es que hay una diferencia entre la felicidad y la alegría. La felicidad es un acto condicional, mientras la alegría es incondicional. Y explica, que cuando dependemos de algo externo para hacernos reír, la risa no nos pertenece.

Kataria continúa diciendo que, en los clubes de la risa, la fuente de la risa no está afuera de nosotros, sino adentro. Asegura que los niños pequeños no entienden el humor adulto y sin embargo, ríen a carcajadas, aparentemente sin razón.

Por lo tanto, la finalidad del yoga de la risa es ayudar a que nos liberemos de la risa condicional del adulto, para redescubrir la alegría de la risa del niño o niña.

Hoy existen más de 6,000 clubes de la risa, en más de sesenta países, incluyendo varios en México.

Ahora, antes de desechar esto como algo superficial, veamos algunas de las ventajas físicas y mentales que brinda la risa:

1. Estudios hechos en el centro de neuroinmunología de la Escuela de Medicina de Loma Linda, California, indican que la risa reduce considerablemente las hormonas del estrés y fortalece el sistema inmunológico.

2. La risa produce largas exhalaciones que estimulan el corazón y profundas inhalaciones que oxigenan el cuerpo, alimentando todas nuestras células.

3. Es un gran ejercicio aeróbico. En un minuto de reír a carcajadas, se alcanza el nivel de estimulación cardiovascular generado a través de diez minutos de trabajo duro en una remadora.

4. Es un poderoso conector social. La risa es un tipo de comunicación no verbal que genera empatía y además es muy contagiosa.

Un dato interesante es que ya se ven algunas grandes empresas, como Glaxo y Volvo, que han adoptado la disciplina de los clubes de la risa para dar a sus empleados un medio para relacionarse y liberarse del estrés.

Entonces, armado con conocimiento de causa, busqué un club de la risa en México y fui a tomar una clase.

Fue una experiencia deliciosa.

La sesión de yoga de la risa dura una hora.

Inicia con los participantes repitiendo el mantra jo, jo, ja, ja, ja, al ritmo de 1, 2, 1, 2, 3, mientras se mueven alrededor del salón, llevando el ritmo con las manos y haciendo una risa simulada. El objetivo es moverse juguetonamente, mientras buscas conectarte con los otros participantes a través del contacto visual. Al poco tiempo la gente se engancha y empieza a reír de verdad.

Porque el cuerpo no distingue entre la risa verdadera y la fingida, el lema es: «pretende, pretende; hasta que te prende».

Es como cuando vamos al cine y vemos una película de terror; el cuerpo no distingue entre la ficción y la realidad, y se nos suben la adrenalina y las endorfinas.

Con la risa sucede lo mismo. Ya sea de verdad o inducida, el cuerpo fabrica y libera endorfinas que nos hacen sentir bien.

Conforme avanza la clase se realizan diferentes ejercicios para motivar y estimular el movimiento, la respiración y la conexión con los demás.

• Hay un ejercicio que consiste en agacharse y simular recoger una flor. Luego haces como si la olieras, inhalando profundamente y al exhalar le mandas buena vibra a todos los presentes.

- Otro ejercicio es la risa del león, en el que sacas la lengua, levantas tus manos como si fueran garras y gruñes a otra persona que también te gruñe. El objetivo es reconocer lo ridículo del enojo, liberarse de la tensión y recuperar la felicidad de ser niños y niñas, juguetones y juguetonas.

- Finalmente, hubo uno que me encantó, que consiste en simular que nos aplicamos la crema de la risa por la mañana, para que el mal humor de los demás se nos resbale durante todo el día.

Entre cada ejercicio nos echábamos porras diciendo: muy bien, ¡sí!

La clase concluye con una meditación colectiva en la cual los participantes se permiten sentir cómo su energía ha cambiado y sentir también la alegría de estar presentes aquí y ahora, rodeados de otros bellos seres humanos como ellos mismos.

Después de la clase quedé enganchado y tomé el curso «Líder de yoga de la risa».

Ahora, incluyo ejercicios de yoga de la risa en algunos cursos que doy y comparto un momento de alegría y unidad con mis alumnos.

Para que lo veas en acción, entra a YouTube y ve mi conferencia «Equilibrio: cómo ser más positivo, exitoso y feliz», durante la cual le puse un ejercicio a altos ejecutivos de una importante empresa mexicana.

Te invito a aprender a reír sin razón. Dios nos regala este cachito de cielo con sólo decir: jo, jo, ja, ja, ja. Pruébalo. Recupera la capacidad de tu risa infantil. Relájate y los demás a tu alrededor se relajarán. Te sorprenderás de lo fácil y divertido que es. Como dice el Dr. Kataria: «no existe mucha diversión en la Medicina; pero existe una maravillosa medicina en la diversión».

Para más información de yoga de la risa visita: laughteryoga.org

6. Visualiza el éxito

Pregunta: ¿Qué profesión tenía Maxwell Maltz, el padre de los cursos de autoayuda?

1. Psicólogo.

2. Cirujano plástico.

3. Académico.

He hablado mucho del poder de la mente. Ahora, quiero compartirte la metodología de visualización que desarrolló el doctor Maltz.

Un poco de historia:

La técnica de la visualización del éxito o el teatro de la mente, como la llama el doctor Maltz, ha sido utilizada exitosamente por todo tipo de gente a largo de los años. Por ejemplo, la usaron generales como Napoleón Bonaparte, inventores como Thomas Alva Edison, deportistas olímpicos, al igual que pianistas, vendedores y conferencistas.

El doctor Maltz dice que el secreto es establecer una meta clara en nuestra mente y construir una estrategia de éxito alrededor de ella.

Por ejemplo, cuando Napoleón iba a enfrentarse a un enemigo, acudía al lugar donde se iba a librar una batalla, recorría el campo y se paraba donde suponía que iba a estar parado su adversario. En el teatro de su mente se imaginaba la batalla, generando diferentes escenarios. Y se disponía a conectar con lo que él sentía que haría su adversario ante cada una de las diferentes acciones que él consideraba realizar. Este ejercicio lo convirtió en uno de los más grandes generales de toda la historia.

Thomas Edison se imaginaba primero lo que la gente necesitaba y después se disponía a crearlo.

Para entender cómo funciona la metodología, y si es aplicable a todo el mundo, el doctor Maltz utilizó tres grupos de jóvenes jugadores de baloncesto. El objetivo era ver si la práctica mental realmente podría funcionar para mejorar la ejecución de los tiros de castigo.

La prueba duró 21 días, con las siguientes instrucciones para cada grupo:

- Al primero le indicó que acudiera todos los días a la cancha y ensayara durante treinta minutos los tiros de castigo.

- Al segundo le indicó que no ensayara y que siguiera con su vida normal.

- Al tercer grupo le indicó que ensayara aplicando la metodología del teatro de la mente. Esto es, que todos los días cada uno de ellos se sentará en un lugar tranquilo donde no sería distraído, le dedicara treinta minutos a visualizar en su mente que estaba ejecutando tiros de castigo y que sintiera claramente lo que tenía que hacer para mejorar su puntería y coordinación en cada tiro imaginario.

Al final de las tres semanas se realizó la prueba a los tres grupos para ver cuánto habían mejorado.

- El primer grupo, que practicó físicamente, mejoró 24%.

- El segundo grupo, que no hizo nada, se quedó igual.

- Y sorprendentemente, el tercer grupo, que simplemente practicó en su mente, mejoró 23%.

Después de leer este relato[4], decidí ponerlo en práctica en mi vida. Déjame explicarte cómo aplico el principio del teatro de la mente para prepararme antes de dar una conferencia.

Empiezo por estudiar quién va a ser la audiencia y me pongo a redactar la conferencia. Después de tener listo el primer borrador, lo ensayo de diez a quince veces en mi mente. Me imagino a la audiencia. Visualizo sus edades, cómo están vestidos y me imagino hasta sus caras mientras presento los diferentes puntos. Al repasar cada uno, indago con el auditorio, en el teatro de mi mente, si han entendido el mensaje, si es claro y qué dudas tendrán, y me dispongo a responder a ellas. Este proceso enriquece mi pensamiento, agiliza mi mente y me permite hacer un trabajo mucho más profesional.

Después de tener la presentación lista, la ensayo completa cinco veces más, de pie y en voz alta. Finalmente, cuando salgo a escena estoy confiado. Siento que ya conozco a la audiencia. Que he estado con ellos muchas veces, en el teatro de mi mente, y estoy atento, listo para enriquecer mi discurso de acuerdo con las reacciones sutiles del público, inyectando contenidos adicionales de acuerdo a lo que exija la dinámica del evento.

Esta misma metodología puede ser utilizada para un sinfín de situaciones, como preparar una venta complicada, entrenar un equipo de futbol, dejar de fumar o pedirle matrimonio a tu novia. Simplemente tenemos que prepararnos en el teatro de la mente, ensayar y fortalecer nuestro instinto del éxito.

Te invito a probar la metodología del doctor Maltz durante 21 días. Él nos indica que escojamos un tema cercano a nuestro corazón y lo llevemos al teatro de nuestra mente.

Dedícale treinta minutos diarios al ejercicio, sentado cómodamente en un lugar donde te sientas seguro y relajado.

Durante los primeros diez días ve desarrollando la película de éxito en tu mente. Imagínate el lugar donde acontece la acción, quién está presente, qué dices o haces tú y cómo te imaginas que responden los otros.

Visualízate lanzando propuestas o realizando acciones para alcanzar tus objetivos e imagínate cómo te sobrepones a todos y cada uno de los obstáculos que se presentan. Ve construyendo y afinando cada día el escenario de éxito, tal como lo deseas.

Ahora, deja de hacerle cambios. Durante los próximos once días dedícate a visualizar el desarrollo de tu idea exitosa como si fuera una película, que vuelves a ver una y otra vez, y que con cada pasada se va registrando con mayor claridad en tu conciencia, convirtiéndose en tu nueva realidad.

¡Inténtalo! Este pequeño ejercicio, si lo realizas con convicción, podrá liberar todo tu talento y sabiduría.

Un último pensamiento. Dice el doctor Maltz que nacimos para ser felices y que Dios nos programó para el éxito. Date una mano y déjate ser, para dar y recibir todo lo que te corresponde.

Respuesta: Maxwell Maltz era cirujano plástico y aseguraba que desarrolló la metodología de autoayuda para apoyar no sólo a gente con cicatrices en sus rostros, sino también a personas con heridas en el alma.

7. Ayuda a tus seres queridos a morir con dignidad

Pregunta: ¿Qué es más importante?

1. Acompañar a una persona en el momento de su nacimiento.

2. Acompañar a una persona en el momento de su muerte.

3. Ambos.

Quiero cerrar esta sección con un tema importante, por el que todos pasaremos: la muerte de nuestros seres queridos. Respira profundamente y disponte a analizar conmigo cómo afrontar con sabiduría la muerte de nuestros seres queridos, y cómo ayudarles a ellos, a nosotros, a nuestros familiares y amigos a vivir esta realidad con menos dolor.

Éste es un tema muy cercano a mi corazón, porque mi querido hijo Mac murió de cáncer cuando tenía sólo veinte años, y me dio una profunda lección de vida el privilegio de poder acompañarlo en su muerte y ayudarlo a morir con delicadeza y dignidad.

Hay un libro llamado *Lecciones de vida*, de la doctora Elisabeth Kubler-Ross[5], que en paz descanse, que describe las cinco etapas de la confrontación con la muerte que viven los seres humanos. Te invito a reflexionar cómo podemos aprender de ellas y crecer en nuestra capacidad de amar.

Analicemos cada una de ellas:

La primera etapa es la sorpresa. Ninguno de nosotros estamos preparados para la muerte. Ni la nuestra, ni la de un ser querido. Siempre nos toma por sorpresa.

La segunda etapa es la negación. «Esto no puede estar pasando». «Debe haber algún error». Nuestro mismo código genético se opone violentamente a la idea. Está programado para exprimir la vida, hasta la última gota...

La tercera etapa es el enojo, el resentimiento y/o la culpabilidad. Son precisamente estos sentimientos los primeros que debemos confrontar y resolver, tanto como pacientes, familiares o amigos.

El enojo es muy común en aquel que confronta su propia muerte. Todos tenemos la tendencia de querer encontrar a algún culpable de nuestra desdicha: otro ser humano, un doctor, una circunstancia... ¡pero desafortunadamente, dos errores no hacen un acierto!

La culpabilidad es otro sentimiento muy común en quien confronta la muerte de un ser querido. Pesan poderosamente las heridas abiertas por un pasado no resuelto. Por ejemplo, cita la doctora Kubler-Ross, que a lo mejor le gritaste o pensaste en un momento de rabia, «ojalá que se muera esta persona». Y ahora que se está muriendo, pesa su muerte sobre tu conciencia. Pero créeme, nosotros los seres humanos, nos damos demasiada importancia y nos torturamos inútilmente.

Por lo tanto, el primer paso, que es fundamental para afrontar con sabiduría la muerte, es resolver el enojo, el resentimiento y la culpabilidad. Todas las cuentas pendientes se tienen que confrontar y resolver. Hay que abrir el diálogo a toda costa, para que todos los malos entendidos se aclaren y se dé el reencuentro, la reconciliación y el perdón.

Abrir la comunicación es mucho más fácil de lo que uno se imagina. Es sólo difícil la primera vez, a partir de ahí se vuelve más y más sencillo y natural.

Si no se han afrontado las deudas del pasado, surge la depresión. Tanto del que va a morir como de los familiares y amigos cercanos.

Finalmente, la última etapa es la aceptación. Por eso, entre más puedas hablar con el ser querido antes de que muera, entre más puedan compartir juntos la tristeza de la eminente separación, más se liberarán del dolor posterior. Y también, entre más puedan compartir juntos la felicidad del encuentro, del amor y de la amistad, más se reconciliarán con la vida y con la muerte.

Cuando llega el momento de la aproximación de la muerte, algunos seres humanos, que cuentan con la fortaleza para acompañar a su ser querido hasta su último suspiro, viven una experiencia extraordinaria, que no es ni traumática ni triste.

Es el momento del silencio. Sentado a su lado, quizá tomando su mano, recuerdas la belleza de la vida de este ser querido, y lo llenas de energía positiva, de amor y de la certeza de que su vida valió la pena. Es el momento de acompañarlo en la transición, cuando entrega el alma y descansa.

Te confieso que, para quienes hemos tenido el privilegio de acompañar a nuestro ser querido en su muerte, es un momento mágico, de una profundidad indescriptible, cuando ese buen hombre o esa buena mujer exhalan por última vez y concluyen su ciclo en la Tierra. El que nosotros tuviéramos el privilegio de estar ahí, de amar hasta el final a esta gran persona, que tuvo la capacidad de infundir amor en el corazón de sus semejantes, es sin duda una de las grandes experiencias de la vida.

Después viene el funeral, que también deberá ser momento de sanación. De recuerdo. De unidad. Habrá tiempo para llorar después. La ausencia duele. Pero ahora, es el momento de celebrar la vida. Recomiendo que lleves al velorio el álbum de fotos familiar. Que entre los deudos y amigos más cercanos recorten las fotos más hermosas y hagan un *collage*, obsequiándole a su ser querido todo la buena vibra que merece.

Y cuando llegue la hora de llorar, llora. ¡Llora desde el fondo del alma y exprime hasta la última lágrima!

Pero después, cuando te invada la tristeza, busca en tu corazón y habla con tu ser querido preguntándole: ¿me quieres triste? Y te responderá: ¡claro que no!

Por eso es tan importante entender el proceso de la aceptación de la muerte y afrontarla con sabiduría.

Antes de terminar este capítulo, quiero compartir contigo un llamado a la coherencia que hace Elisabeth en su libro, invitándonos a ponernos un momento en el lugar del que va a morir.

Entra en el teatro de tu mente e imagínate esta escena en el hospital: estás esperando afuera de la sala de emergencia, en una camilla fría, en un pasillo estéril. Se te han quitado todos tus derechos. Serás atendido por muchos jóvenes que toman tus signos vitales.

Eres tratado como una cosa. Si te quejas, te sedan para que no des lata. Pides cariño, comprensión y misericordia. Y recibes intubación, infusiones y transfusiones.

Todos a tu alrededor están ocupados por tu temperatura, tu pulso y por cuánto orinaste. Están ocupados por cosas, mas no por tu persona.

Elisabeth nos pregunta si toda esta tecnología nos está volviendo más humanos o menos humanos; será que nos estamos escudando detrás de las máquinas para no mirar a la muerte a la cara y quizá poner en tela de juicio nuestra propia fragilidad humana.

Punto de reflexión:

Piensa en cómo tú has afrontado la muerte de tus seres queridos y pregúntate qué podrías haber hecho en forma diferente para ayudarlos a vivir ese momento con más dignidad.

Recuerda que la forma en la cual ayudas a otros a morir, educará a tus seres queridos acerca de la forma en que tú quieres ser tratado en el momento de tu transición.

Respuesta: Lo más importante es acompañar a una persona en el momento de su muerte.

Segunda parte
Principios profesionales

1

Conviértete en un gran director

El trabajo nos llama a trascender.

1. Inicia una revolución positiva en el trabajo

Pregunta: ¿Cuál es la finalidad del trabajo ejecutivo?

1. Resolver problemas.

2. Buscar culpables.

3. Descubrir y reforzar lo que está bien en la empresa.

Ahora que ya analizamos los principios íntimos que forjan a los grandes seres humanos, es el momento de analizar los principios profesionales que forjan a las grandes empresas y empresarios.

Un buen punto para empezar es la nueva y poderosa metodología refuerzo positivo, que transforma a las personas e instituciones llenándolas de visión, pasión y energía, para enfrentar el futuro con tenacidad y alegría.

Para que funcione, la alta dirección necesita poner de cabeza muchos de sus preceptos acerca de las buenas prácticas del *management*. Sólo así podrá capitalizar las extraordinarias oportunidades que ofrece este nuevo mundo entrelazado.

Por ejemplo, es indispensable cambiar la idea de que el trabajo del ejecutivo es arreglar lo que no funciona y dejar que las fuerzas de la empresa se ocupen de sí mismas.

La filosofía del refuerzo positivo es que, si uno administra con inteligencia sus fuerzas y éxitos pasados, puede lograr mucho más que si simplemente se dedica a ir reduciendo sus debilidades.

Hay que entender que para construir empresas extraordinarias en la actualidad, hay que enganchar a todas las personas en la organización para que sumen exponencialmente sus fuerzas.

Esto se logra a través de abrir el diálogo sobre lo positivo que posee la empresa. Hacerlo genera una experiencia de vida que transforma, enaltece y conduce a la acción decidida.

El proceso inicia por preguntarte a ti mismo, y a tu gente, qué es lo que les da energía. ¿Qué les motiva? ¿Cuáles son o han sido los momentos más felices y exitosos de la empresa?

Para entender el poder del refuerzo positivo, va un pequeño ejercicio:

¿Qué te motivaría más? Que te pida que enumeres los cinco problemas más importantes que tendrás que resolver para el negocio este año o que explores cómo capitalizar lo positivo en la empresa. ¿Cuáles son las verdaderas fuerzas del negocio? ¿Qué le ha dado vida a la gente y a la organización, en sus momento más brillantes? ¿En qué son realmente buenos, y que si lo fortalecen, se convertirán en extraordinarios? ¿Sientes la diferencia?

Cuando le ayudas a la gente a soñar cómo dar lo mejor de sí misma para la organización, se siente facultada y motivada para asumir responsabilidades y para seguir aprendiendo. Este compromiso libera su creatividad y determinación.

Además, si este refuerzo positivo se da a lo largo y ancho de la empresa, las personas, al sentirse respaldadas por el grupo, adquieren la confianza para seguir innovando, aprendiendo y creciendo. Y esto construye un ambiente de trabajo divertido, positivo y feliz.

Hay que cambiar, de una vez por todas, el precepto de que una empresa es una serie de problemas que hay que resolver y administrar. No, una empresa es un ente vivo que nace, crece y se fortalece a través de la unidad, el ánimo y el desarrollo de sus fuerzas.

¿Por dónde empezar?

Empieza por abrir el diálogo. Se trata de descubrir tus mayores logros, tus mayores fuerzas y habilidades y tus más profundos valores. Ahora, fundamentado en ellos ponte a explorar y experimentar nuevas alternativas.

El diseño final deberá incorporar tantas de tus fortalezas y habilidades como sea posible o adecuado. Después de que hayas lanzado las iniciativas hay que celebrar cada uno de los pequeños éxitos, que conducen a la realización de los sueños.

El placer de estar haciendo algo que vale la pena entre todos, es el gran aliciente. Sin embargo, ahora le toca al director mantener a la organización vibrante y motivada, generando una buena dosis de camaradería, esperanza, sentido de urgencia y buen humor.

Hay que pensar positivamente. Si la empresa ha sobrevivido hasta ahora, seguramente es porque posees algún talento especial. Este mismo talento te puede llevar más lejos, mucho más lejos, si tú lo permites.

Ándale. Cambia tu paradigma de lo que es ser un gran ejecutivo.

Abre el diálogo con tu gente sobre lo positivo y enciende una revolución que transforme y enaltezca tu organización. Ha llegado el momento de darle viabilidad a tus sueños. Aplica el refuerzo positivo y construye un mundo mejor.

Respuesta: Aunque la mayoría de los ejecutivos están convencidos que su trabajo es resolver problemas, yo estoy convencido que deberían estar enfocados a descubrir y reforzar lo que hace bien la empresa.

2. ¿Conoce tu gente la empresa?

Pregunta: ¿En términos generales qué porcentaje de los empleados saben cuáles son los objetivos de la organización?

1. 79%

2. 37%

3. 13%

Según una encuesta, citada por Stephen Covey, realizada entre 23,000 empleados en puestos clave como ventas, producción y finanzas, en bancos, automotrices, tiendas departamentales, telefónicas y gobierno, entre otras empresas y organizaciones para evaluar qué tan compenetrados están los trabajadores con la estrategia de su empresa, encontró lo siguiente:

- Sólo 37% de los empleados conoce el objetivo de su organización.

- Sólo uno de cada cinco está entusiasmado con su equipo de trabajo y los objetivos de la empresa.

- Sólo uno de cada cinco tiene una idea clara de cómo empata lo que hace su equipo con los objetivos de la empresa.

- Sólo la mitad está satisfecha con sus logros al final de la semana.

- Sólo 15% piensa que la empresa le da los medios para alcanzar sus objetivos importantes.

- Sólo 15% piensa que trabaja en un entorno de confianza.

- Sólo 17% piensa que su organización promueve la comunicación abierta y respeta las diferentes opiniones.

- Sólo uno de diez considera que su organización hace responsables a sus empleados por los resultados del negocio.

- Y sólo dos de diez realmente confían en las organizaciones para las cuales trabajan.

Y nos dice que pongamos esto en contexto. Hagamos una analogía. Digamos que la empresa fuera un equipo de futbol, esto es lo que estaría pasando en la cancha:

- Sólo cuatro de los once jugadores saben cuál es su portería.

- Sólo a dos de los once les importa.

- Sólo dos de los once saben cuál es la posición que les toca jugar y qué deben hacer en ella.

- Y todos, salvo dos de los jugadores, están jugando, de alguna manera, en contra de su propio equipo, en vez que del equipo contrario.

¿Qué te parece?

En este nuevo mundo, la comunicación de la estrategia, la visión y misión de la empresa es indispensable.

La pregunta es: ¿está alineada tu empresa?

Te invito abrir un diálogo franco con todos tus colaboradores, proveedores y socios de negocio. La comunicación es mágica. Hazla trabajar a tu favor.

Respuesta: De acuerdo con lo que señala Stephen Covey en su libro *The 8th Habit*, sólo 37% de los colaboradores saben cuáles son los objetivos de la organización.

3. Aprende a observar

Pregunta: ¿Qué es más difícil: formular una estrategia o ejecutarla?

El mundo de la investigación de mercado ha avanzado mucho en los últimos años. Hoy, las empresas más visionarias están saliendo a convivir con sus clientes y prospectos para observar cómo utilizan realmente el producto, y así lograr hacer estrategias mucho más aterrizadas y efectivas.

Para ver el principio en acción, veamos a continuación tres mini casos; uno de producto, otro de servicios y el tercero de comercio, que ilustran con mayor detalle este proceso estratégico de observación dinámica en acción.

Nuestro primer caso es de empresa de producto: Nokia.

Transportémonos al año 1994. Hay una pequeña empresa en Finlandia que se llama Nokia. Tiene un sueño, convertirse en líder mundial en la fabricación de teléfonos celulares.

A todas luces, esto parece una hazaña casi imposible. Nokia no está metida en el negocio de los teléfonos celulares y Motorola es el líder mundial absoluto.

Es la época de los grandes tabiques, al grado que en Japón existen ayudantes para cargar los teléfonos de sus jefes. La visión de Motorola es que el futuro está en los hombres de negocios.

Nokia tiene otra visión. Ellos ven el futuro en los jóvenes, un mundo al cual Motorola ni se ha asomado. Con esta idea en mente, salen a conocer la realidad.

Mandan a sus ingenieros a observar las actitudes y comportamientos de jóvenes en diferentes partes del mundo:

- Van a la meca de los jóvenes deportistas, Venice Beach, California.

- A Kings Row en Londres, donde están los *punks* y los *darketos*.

- También van a la zona de clubes de Tokio, donde se reúnen los jóvenes más extravagantes de Japón.

Cuando los ingenieros regresan a la empresa y relatan sus hallazgos, no hay duda de que tienen razón. El futuro está en los jóvenes que desean la comunicación, y ellos van a ser los primeros en conquistar este mercado.

Y así fue. Nokia fue la primera empresa en introducir teléfonos de colores, teléfonos con pantallas más grandes, teléfonos con cámaras, teléfonos con *wireless* y teléfonos con acceso a Internet.

Hoy son la empresa número uno en el mundo en la fabricación de teléfonos celulares y líder indiscutible en el desarrollo de los teléfonos inteligentes.

Nuestro segundo caso trata acerca de cómo convertirse en una empresa de excelencia…

Ahora, vamos a analizar las acciones de un consorcio de hospitales que deseaba mejorar radicalmente su servicio. Para iniciar el proceso se reunieron sus altos ejecutivos a desarrollar la estrategia, bajo la tutela de Gary Hamel. Él les propuso el siguiente ejercicio: la primera parte fue: piensen cuál es la empresa de servicio que ofrece el mejor servicio en el mundo.

- Uno de ellos exclamó ¡Disney!

- Otro dijo la primera clase de British Airways.

- Un tercero comentó el hotel Burj Al Arab de siete estrellas, en Dubái.

Ahora, la segunda parte fue vivir la experiencia. Por lo tanto, uno se fue a Disney, otro a Londres en primera clase y el tercero a Dubái para hospedarse en el Burj Al Arab. Y cada uno de ellos llevaba la tarea de apuntar todos los momentos que, de verdad, constituyeran una experiencia memorable.

Cuando regresaron se llevó a cabo la tercera parte del ejercicio. Les tocó convertirse en pacientes incógnitos en alguno de sus hospitales.

El mandato era el mismo, apuntar todos los momentos que constituyeran una experiencia buena o mala. Ahora les tocaría experimentar el servicio que reciben sus clientes.

¿Qué vivieron?

Una enfermera, indiferente a su temor a las agujas, les puso suero.

Los hicieron ponerse una diminuta bata abierta por atrás, que ofendía su dignidad, y los dejaron media hora en una camilla fría en el pasillo, afuera del área de rayos X.

Experimentaron la molestia de que entraran personas a sus cuartos a todas horas del día y de la noche...

Concluido el ejercicio, de regreso a la sala de juntas, cada uno sacó los papelitos en los cuales apuntó los acontecimientos que constituían los momentos de verdad buenos y malos, los pegaron en la pared y vieron cómo podían aprender de la «polinización cruzada». Esto es, cómo puedo aprender de las mejores empresas del mundo, tomar su ejemplo y traducirlo a mi negocio. Por ejemplo, estar atentos a lo que sienten los clientes. Resultó un ejercicio revelador que revolucionó su negocio.

El tercer caso es Best Buy, la cadena más importante de tiendas de venta de electrónica en Estados Unidos, que recientemente entró a México. Ellos sabían mejor que nadie conquistar el mercado de clientes a los que les interesaba la tecnología. Pero ¿cómo seguir creciendo?

Para responder, hicieron un ejercicio cambiando la pregunta habitual; ahora se preguntaron: ¿qué clientes no vienen a mis tiendas? y concluyeron que era la gente que le tenía miedo a la tecnología.

Profundizando en el ejercicio, se preguntaron quién es esta gente, cómo es esta gente, qué está pasando por su cabeza.

Para aprender de primera mano, se preguntaron, ¿dónde existe el ejemplo más radical? La respuesta fue «los Amish de Pensilvania», un grupo de personas que decidieron hace doscientos años no participar en el progreso. Hoy no utilizan electricidad en sus casas y no emplean autos, sino siguen transportándose en carrozas jaladas por caballos.

Entonces, para buscar respuesta a la pregunta, eviaron a sus altos ejecutivos a vivir una semana con este grupo aislado. El objetivo era entender cómo se siente la gente que ha sido sobrepasada por la tecnología.

Fue una experiencia reveladora. Gracias a este aprendizaje, Best Buy lanzó un nuevo concepto de tienda dividida por soluciones en vez de productos.

Te invito a reflexionar sobre estos casos. Nos enseñan a estar muy cerca del cliente. Sólo así podemos anticipar el futuro y diferenciarnos de la competencia.

Sigue este ejemplo y encontrarás varias oportunidades insospechadas para convertirte en una empresa más sabia, eficiente y rentable.

Piensa en tu empresa, ¿cómo puedes acercarte a tus clientes o entender de primera mano un nuevo mercado potencial? Tienes que salir y vivir la experiencia. Esto te dará la sabiduría para poder realmente construir estrategias que funcionen.

Respuesta: De acuerdo con el gurú Gary Hamel, la mayor parte de la gente piensa que es más difícil la ejecución de la estrategia, porque han reducido la creación de estrategia a tres variantes:

- Comprar empresas.

- Reducir costos.

- Copiar a la competencia.

Él nos dice que es indispensable aprender a formular estrategias coherentes para que las empresas tomen vida propia y evolucionen.

4. Escucha, realmente escucha y aprende la negociación ganar-ganar

Pregunta: ¿Por qué tenemos dos orejas y sólo una boca?

Para ser un gran vendedor, hay que regresar a lo básico y hacerlo muy bien.

El mejor vendedor no es el que mejor habla, sino el que mejor escucha.

Dado que nuestra mente trabaja cinco veces más rápido que nuestra boca, mientras el vendedor presenta su discurso al prospecto, éste le lleva una ventaja de cinco a uno para analizar todas las generalidades que le está *aventando*.

Es muy posible que, mientras el vendedor recita su gran discurso, esté motivando al prospecto a decir en su cabeza: ¡qué rollo! No tiene idea de lo que realmente necesito. Voy a llamar a su competencia a ver si ellos sí me escuchan.

Por otro lado, cuando el vendedor se prepara bien, hace preguntas incisivas y escucha, realmente escucha, él o ella mejora exponencialmente sus posibilidades de éxito, porque descubre las necesidades y expectativas reales del cliente, permitiéndole estructurar una mejor oferta.

Detengámonos un momento para analizar la preparación y la escucha:

La preparación es un factor crítico de éxito. Una buena preparación puede incrementar nuestra posibilidad de éxito hasta 500%. Desafortunadamente, muchos vendedores no lo entienden, y limitan sus posibilidades de éxito, obteniendo menos, mucho menos, de lo que deberían.

Llegar bien preparado a una negociación hace la diferencia entre que *nos agarren en curva* y tengamos que ceder puntos a causa de nuestra ignorancia, o que estemos en posición de fuerza, listos para seguir diferentes planes de acción, según se va desarrollando la negociación.

¿Cómo convertirte en un gran negociador?

Inicia tu preparación con tiempo y aprende todo lo que puedas sobre la empresa de tu cliente o prospecto. Analiza sus folletos y publicidad. Visita su página en Internet. Y si es una empresa pública, lee su reporte anual. Si puedes, habla con algunos de sus empleados y proveedores. Entiende cuáles son las prioridades de la empresa en este momento.

Por otro lado, averigua acerca de la persona con la cual vas a negociar. ¿Qué tipo de temperamento tiene? ¿Qué nivel de autoridad posee? ¿Cuál es su agenda profesional? Entre más sabes, mejor entiendes, incrementando exponencialmente tu probabilidad de éxito.

Después de que hayas hecho la carga primaria de información, aplica lo que aprendimos en el apartado 6 «Visualiza el éxito» del capítulo 3. Dedica tiempo a pensar en el desarrollo de la reunión y mapea los diferentes escenarios que se podrían dar. Apártate a un lugar tranquilo e imagínate la reunión. Sigue en tu cabeza el desarrollo de cada escenario y déjate iluminar por tu intuición e instinto, sobre cómo deberías conducir cada uno de los diferentes escenarios para alcanzar una negociación ganar-ganar.

También debes estar atento durante este ejercicio para reconocer los caminos que no conducirán a una buena negociación, para poder identificarlos y evitarlos si se dan.

Como parte de tu análisis, piensa en todos los elementos que incluye una negociación y que pueden afectar el precio y la rentabilidad de la operación, como formas de pago, tiempo de entrega, niveles de garantía, entrenamiento, apoyos especiales, servicios adicionales, etcétera.

Recuerda que a la gente no le gusta que le vendan, pero le encanta comprar. Si te has preparado bien, él o ella lo sentirán y te respetarán por ello. Dale opciones. Permítele sentir que tienen el control y que tú estás ahí para asesorarle y apoyarle para resolver un problema importante. A fin de cuentas, tu trabajo es ayudarle a ser más exitoso y feliz.

Prepara tu plan. Determina tu techo y piso, esto es, cuál es el precio máximo al que aspiras vender y cuál es el precio mínimo que aceptarías.

Una cosa más en cuanto a preparación; antes de iniciar una negociación, tu contraparte seguramente estará en mejor disposición para darte información acerca de sus necesidades y objetivos. Habla con él o con ella y hazle preguntas incisivas. Una vez que inicia la negociación, ya no será tan abierto. Por lo tanto aprovecha el momento de preparación para estructurar correctamente tu plan.

La pregunta todopoderosa

Ahora, hablemos un poco de las preguntas. Hay otro dicho que me gusta: «puedes medir si una persona es inteligente por sus respuestas, pero sobre todo, puedes medir si es sabia por sus preguntas».

Hay dos tipos de preguntas: abiertas y cerradas.

Las preguntas cerradas nos permiten obtener información, empezar una conversación, confirmar puntos de acuerdo y cerrar. Normalmente inician con palabras como: quién, cuánto y cuándo.

¿Quién decide? ¿Cuántas unidades necesitan? ¿Cuándo firmamos?

Las preguntas abiertas son las que nos proveen de información para entender mejor al cliente y estructurar nuestra oferta. Normalmente empiezan con: qué, por qué y cómo.

¿Qué beneficio esperas obtener? ¿Cómo vas a medir los resultados?

También, el tipo de respuesta que da nos permite descubrir el tipo de personalidad de nuestra contraparte.

Por ejemplo, si sus respuestas son cortas y al grano, entonces seguramente su personalidad es del tipo ejecutivo que se interesa por el qué. Por lo tanto, no hay que hacerle perder el tiempo… hay que ir directo al grano y darle opciones.

Por otro lado, si sus respuestas son prudentes y nos cuestiona mucho, es probable que sea de una personalidad más de tipo ingeniero y por lo tanto le interesará el por qué. A él o a ella, hay que ofrecerle ejemplos y hablarle de garantía, calidad y eficiencia. Hay que darle su tiempo, responder a todas sus inquietudes y respaldar todo lo que decimos con evidencia.

Ahora, si nuestra contraparte resulta ser un platicador, entonces amerita otro tipo de estrategia. A esta persona seguramente le interesa el reconocimiento y teme la pérdida de prestigio. A él o a ella seguramente le interesa el quién.

Palabras clave que lo moverán son: moda, nuevo, exclusivo, emocionante. A ellos hay que contarles historias y tener sentido del humor. Les gusta la gente ágil y entusiasta.

Identificar el tipo de personalidad es básico para poder crear empatía y facilitar la comunicación.

Aquí está una pequeña guía para poder estructurar correctamente tus preguntas:

1. Ten claro tu objetivo y plan de preguntas. ¿Qué tipo de información requieres para poder tomar una buena decisión, y cómo debes estructurar tus preguntas?

2. Conoce a tu contraparte. Los clientes compran primero a la persona y después a la empresa. Negociamos con quienes nos agradan.

3. Ve de lo general a lo particular. Así podrás ir afinando tu propuesta de acuerdo con lo que requiere y desea el cliente.

4. Pide permiso para hacer una pregunta. Es de buena educación. Y cuando tu contraparte te da permiso es probable que te dé una respuesta más completa.

5. Después de hacer una pregunta, deja de hablar y ¡escucha! Muchos negociadores novatos se sienten incómodos con el silencio. Cuando hagas una pregunta, aprende a disfrutar el silencio y dale a tu contraparte el tiempo para responder.

6. Y toma nota. Es de buena educación apuntar mientras la otra persona responde y demuestra que te interesa su punto de vista. Además, te permite recordar detalles importantes conforme avanza la negociación.

Finalmente, algunas habilidades a desarrollar para convertirte en un gran negociador, que construye buenas relaciones:

1. Motívate a escuchar. La persona con la mayor información, normalmente tiene la mayor capacidad de negociación. Fíjate objetivos claros de lo que necesitas saber para construir una relación ganar-ganar.

2. Si deseas hablar, haz preguntas.

3. Mantente alerta a claves no verbales. El 90% de la comunicación es no verbal. Responde a expresiones faciales, sonrisas y fruncidos, a brazos cruzados y aplausos.

4. Deja que tu contraparte cuente su historia primero.

5. No interrumpas cuando la otra persona está hablando.

6. Escucha con un objetivo en mente. Busca las palabras y claves no verbales que te den la información que buscas. Cuando escuches información que se está revelando, que es importante para tu entendimiento y estructura de la negociación, haz nuevas preguntas para profundizar.

7. Ve a tu contraparte a los ojos. Genera confianza. Y con la adecuada atención puedes intuir lo que él o ella está pensando y sintiendo.

8. No te enojes. Si llegan a un momento de encono, suspende la reunión y dense un respiro de diez minutos o programen una nueva reunión.

9. Si te equivocas, reconócelo y pide perdón. Admitir nuestros errores, contrario a lo que mucha gente piensa, nos hace crecer a los ojos de nuestra contraparte y nos convierte en personas confiables y humanas.

Recuerda que una negociación no es una lucha, sino una búsqueda de ganar-ganar. Interésate primero en la persona y en consecuencia la persona se interesará en ti.

Respuesta: Porque de acuerdo con un proverbio chino, hay que escuchar el doble de lo que hablamos.

2 | Principios del vendedor del siglo XXI

1. ¿Por qué hay que hacer lo opuesto de lo que nos enseñan en ventas?

Pregunta: ¿Los cursos en ventas son obsoletos y contraproducentes?

Michael Port enlista en su nuevo libro nueve principios para el vendedor del siglo XXI, que creo vale la pena meditar y poner en práctica:

1. Construye relaciones.

   • Hay que partir del principio de que los clientes son seres humanos como tú. Deja de verlos como cosas para explotar y medios para alcanzar los números.

   • Los clientes responden mejor cuando te acercas a ellos y tratas de entender lo que quieren y necesitan, cuando los escuchas y les haces preguntas, y realmente te esfuerzas para conectarte con ellos.

2. Respeta su inteligencia y libertad.

   • Hay que reconocer que los clientes tiene el poder y el control, que está en sus manos acelerar o frenar la compra. Respeta su sabiduría y acepta que ellos saben lo que más les conviene.

- Si adoptas esta actitud, te abrirán las puertas y te ganarás el derecho de mantenerte en contacto con ellos.

3. Escoge a tus clientes cuidadosamente.

- No todos los que tengan una chequera son clientes potenciales o deseables.

- En vez de comprar listas de prospectos y mandarles correos no solicitados, identifica a los clientes e industrias a las cuales estás especialmente capacitado para servir y con las que has hecho tu mejor trabajo. Al explotar este conocimiento, podrás crear una oferta valiosa, que acelere las ventas y finque las bases para la construcción de relaciones de largo plazo.

4. Sé relevante y oportuno.

- Cuando aprendes a escuchar a tu mercado potencial, descubres lo que quieren y necesitan y por qué compran lo que tú vendes. Esto se convierte en tu arma secreta, que te da ventaja competitiva.

- La relevancia te permite mantenerte en contacto frecuente con tus clientes y prospectos, convirtiéndote en la persona que contactarán cuando estén listos para comprar.

5. Sé amable y humano.

- Le compramos a la gente que conocemos, que nos cae bien y que nos da confianza. Al nivel que desarrollas afinidad con tu cliente o prospecto, él o ella espontáneamente va a querer hacer negocio contigo y la venta se dará en forma natural y sin presión.

6. Practica la transparencia extrema.

- Aunque a veces parece complicado revelar todo acerca de ti y tu empresa, producto o servicio, hay que hacerlo, porque es lo correcto. Además, hoy los clientes tienen acceso a toda la información que quieren; simplemente por eso, vale la pena ser transparente, íntegro y honesto.

- Sólo siendo verdaderamente transparente puedes construir una reputación estelar, que te posicionará como la persona a quién llamar, cuando estén listos para comprar lo que tú ofreces.

7. Conviértete en el agente de confianza.

- Cuando te vuelves el experto en tu producto o servicio, y realmente entiendes las necesidades del mercado y le ofreces valor a todos, independientemente de si están listos o no para comprar, te conviertes en el agente de confianza de tu industria, y los clientes te buscarán para aprender y desarrollar relaciones contigo.

8. Colabora.

- La mejor forma de disparar tus ventas es a través de construir relaciones estratégicas con otros que atienden a tu mismo mercado o industria. Hacerlo te permite alcanzar a más clientes potenciales en menos tiempo y con menor esfuerzo.

- El principio es sencillo, queremos a los amigos de nuestros amigos, por lo tanto, construir una red de socios estratégicos que nos presenten y nos recomienden con sus clientes, es la mejor forma en la actualidad de crecer y triunfar.

9. Trasciende.

- Tienes la oportunidad de trascender e influir en el mundo y en la vida de mucha gente. No te limites. Sé creativo, desarrolla cada vez mejores formas de construir relaciones, y ganarte la mente y el corazón de tus clientes y prospectos.

- Cuando construyes relaciones profundas, tus clientes hablan bien de ti y las ventas se dan por sí solas. En vez de trabajar solo, tienes un ejército de compradores satisfechos que te promueven y que te ayudan a conocer a más clientes potenciales. Y por ende vendes más, teniendo la satisfacción de saber que lo que tú haces, vale la pena.

¿Qué sentiste al leer estos principios? Por ejemplo, ¿practicas la transparencia extrema o respetas los tiempos del cliente? Va en contra de lo que siempre nos han dicho y, sin embargo, Michael tiene razón.

Te invito a revisarlos nuevamente y apuntar en tu cuaderno qué pasos debes tomar para convertirte en agente de confianza en el siglo XXI. Después, aplícalos a través de las estrategias para Internet, que aprenderás en la última sección del libro.

Respuesta: Sí, según Michael Port, autor del libro *The Contrarian Effect*, lo que enseñan en ventas es obsoleto y contraproducente.

2. ¿Cómo salirse de la trampa del precio?

Pregunta: ¿Cuánto puede incrementar el valor de un producto, convertirlo en una experiencia memorable?

1. 100%

2. 1,000%

3. 10,000%

Para empezar, tomemos el caso de los cafés Starbucks. Ellos le han incrementado el valor a una taza de café en 2,000%. Así es, 2,000%.

Sin la menor duda, el futuro de la mercadotecnia estará íntimamente ligado a la creación de experiencias que resalten el producto o que lo enmarquen en forma memorable.

Cuando hablamos de mercadotecnia de experiencia nos referimos a una nueva modalidad de *marketing* que busca apelar a todos los sentidos, para crear una experiencia alrededor del producto o servicio.

También estamos hablando de una mercadotecnia más completa; una que busca generar una experiencia uniforme a través de todos los puntos de contacto con el consumidor y que exige que haya coherencia entre los anuncios y el servicio.

Hay buenos ejemplos tanto en México como en el mundo; déjame empezar con los casos en México.

¿Recuerdas cuando entró Honda a México? Cambió la experiencia de comprar un auto y de llevarlo a mantenimiento. La transparencia fue la estrategia que modificó los paradigmas del mercado. El hecho de que la empresa publicara un precio fijo de compra y de servicio, cambió a lo que estábamos acostumbrados. Ya no tendríamos que ir a negociar cada transacción y salir con la sensación de que perdimos.

Al crear una nueva y mejor experiencia para el consumidor, revolucionó el mercado y el consumidor respondió. Ya no más talleres de servicio cerrados, donde el cliente no puede ver. Introdujeron talleres abiertos, en los que el asesor te saluda por tu nombre y te habla por teléfono para informarte que tu auto está listo.

Hoy, las otras marcas están tratando de copiar el servicio de Honda. Sin embargo, a muchas de ellas les está costando trabajo porque parten de principios diferentes. Quieren arreglar las cosas a través de paliativos y no mediante una reevaluación de la relación con base en la empatía.

Starbucks es otro ejemplo de mercadotecnia de experiencia que ha cambiado el paradigma de lo que es una cafetería.

Hace algunos años quién se hubiese imaginado estar pagando, sin pestañear, cuarenta pesos por una taza de café. ¿Tú, te lo hubieses imaginado? Yo no.

Esto se debe a que Starbucks cambió el paradigma de la cafetería. Convirtió sus tiendas en «el pequeño lujo que me puedo dar». Es el tercer lugar, como ellos se denominan. Está la casa, está la oficina y ahora también está Starbucks, donde puedo ir a escaparme un ratito.

Sus cafés son ejemplo de mercadotecnia de experiencia. Apelan a todos los sentidos y ofrecen una experiencia uniforme alrededor del mundo. Desde que entras, eres subyugado por el delicioso aroma a café recién hecho. En el fondo hay una música cuidadosamente seleccionada, que contribuye a mantener un ambiente contemporáneo y relajado, de elegancia casual; todo está pensado, estructurado y controlado con esmero. Los chicos y chicas son atendidos por otros chicos y chicas como ellos. Los sillones cómodos te invitan a fundirte en ellos y relajarte, y el Internet inalámbrico omnipresente te invita a conectarte y perderte en el ciberespacio de tu preferencia, al mismo tiempo que te mantienes conectado.

Al crear una experiencia alrededor del café, Starbucks tomó una simple taza de café, algo que cuesta centavos preparar, y le aumentó el valor en un 2,000%.

Otro ejemplo: Victoria's Secret, la empresa de lencería estadounidense. Ellos tomaron ropa interior femenina y la convirtieron en todo un acontecimiento mediático a través de sus desfiles de moda con modelos como Tyra Banks y Naomi Campbell.

Y qué podemos decir de sus tiendas; son una experiencia que hace sentir a la mujer bella y deseada.

Si Starbucks ha podido generar un 2,000% de incremento de utilidad con su taza de café, imagínate el valor agregado que Victoria's Secret le está dando a los minúsculos pedacitos de tela que venden; entre más chiquitos, más caros… ¡Escandaloso!

Otro maestro de la mercadotecnia es Apple. Tomemos por ejemplo el iPod. Cuando lo lanzaron crearon la enigmática campaña de las siluetas con audífonos de cable blanco. En esa época todos los audífonos tenían cables negros.

Ese simple hecho hizo que todas las personas se fijaran en las otras personas que tenían audífonos con cable blanco, distinguiéndolas como gente especial, que estaba a la moda y sabía lo que era bueno. La experiencia se complementó con el diseño de los iPod, aunado al de las tiendas. Por cierto, ahora en México se tiene también acceso a la tienda de música más grande y exitosa del mundo: iTunes.

Hay muchos ejemplos más, como Disney, que ha convertido a un parque de diversiones en complejos vacacionales, películas y cruceros.

El punto es que, conforme aumenta la competencia y la similitud entre productos y servicios, el secreto para alcanzar el éxito es la mercadotecnia de experiencia, que te permite construir relaciones mucho más profundas con tu consumidor.

Las empresas que logran crear experiencias memorables son las más rentables, porque logran salirse de la trampa de precio y entrar en la dinámica del valor.

Te invito a pensar en tu producto o servicio; en cómo puedes generar alrededor de él una experiencia memorable para los clientes. Piensa en los sentidos. En la vista, el oído, el tacto, el olfato y el gusto. ¿Cómo puedes hacer a cada uno de ellos entrar en acción para enaltecer a la experiencia?

Empieza por apuntar en tu cuaderno las ideas que te vienen a la mente. Después coméntalas con tu gente, y finalmente juntos construyan la magia de experiencias memorables que añadan valor y hagan vibrar al producto y servicio en la vida del cliente. ¡No te arrepentirás!

Respuesta: Convertir un producto en una experiencia memorable puede incrementar su valor 100%, 1,000% e incluso 10,000% y más.

3. Descubre por qué el estímulo económico no siempre es la mejor solución

Pregunta: La mejor forma de aumentar la productividad en una empresa es a través de estímulos económicos, como el pago de comisiones y bonos por desempeño.

1. De acuerdo.

2. En desacuerdo.

3. Depende.

Dan Pink[6] comparte en su obra *Drive: The Surprising Truth About What Motivates Us* recientes datos científicos sobre la motivación laboral. Revela que extensos estudios en ciencias sociales de las universidades de Harvard, Princeton y The London School of Economics, han encontrado que los bonos de productividad pueden tener un impacto negativo sobre el desempeño de los empleados.

Muchos nos preguntaremos ¿cómo es posible? ¿No nos han enseñado que si queremos que la gente opere mejor, hay que incentivarla económicamente? ¿No es así como funciona el sistema capitalista? Comisiones, estímulos, premios y bonos...

Para comprender lo que está pasando, hay que entender la diferencia entre motivadores extrínsecos e intrínsecos. Los extrínsecos son aquellos que nos estimulan desde afuera, como la promesa de ganar más dinero o la amenaza del despido; mientras que los intrínsecos son los que nacen desde adentro, como el gusto por el trabajo y el sentir que lo que hacemos vale la pena. Hay que entender cada uno, así como cuándo y dónde aplicarlos.

Un poco de historia. Durante el siglo pasado se incentivó el rendimiento de los trabajadores de las líneas de producción mediante motivadores extrínsecos; esto es, a través del premio y del castigo. Y este tipo de motivación funcionó y sigue funcionando para muchos tipos de tareas mecánicas, que simplemente requieren que la persona siga órdenes al pie de la letra.

Pero para el trabajador del siglo XXI, cuyo trabajo es mucho más enfocado a resolver problemas conceptuales, normalmente los incentivos de premio y castigo no funcionan; lo que es más, muchas veces perjudican, bloqueando la creatividad. Este tipo de trabajador requiere de motivadores intrínsecos, como hacer las cosas porque le gustan, porque son interesantes, porque forman parte de algo importante.

Hoy estamos parados sobre los escombros de una crisis económica, y para salir adelante hay que escuchar y aprender de los importantes hallazgos de los expertos en ciencias sociales. Ellos nos señalan que muchas de las prácticas del *management* son obsoletas, y que si realmente queremos salir del bache y lograr alto desempeño, la solución no es hacer más las cosas equivocadas.

Nos dicen que para lograr la productividad en el siglo XXI hay que tratar de pagarle correctamente a la gente y modificar el concepto del dinero como el estímulo principal, cambiarlo por un nuevo sistema operativo, basado en el gusto de hacer, el crecimiento y el propósito.

Déjame darte algunas ejemplos de empresas que ya van por este camino. Empecemos por una empresa australiana de *software*, llamada Atlassian, que hace algo increíblemente innovador. Cada dos o tres meses le dice a sus ingenieros que durante las siguientes 24 horas vayan y trabajen sobre lo quieran, siempre y cuando no sea parte de su trabajo habitual.

Al día siguiente hacen una junta creativa en la cual cada uno de ellos presenta al grupo lo que desarrolló. Llaman estas jornadas días FEDEX, porque tienes que entregar algo al día siguiente.

Y gracias a esta práctica se han desarrollado muchos nuevos productos, que si no fuera por estas jornadas, nunca hubiesen visto la luz. Y esto ha funcionado tan bien, que ahora todos los empleados dedican 20% de su tiempo al desarrollo de ideas que les motivan, al estilo Google.

Y hablando de Google, un dato impresionante es que por lo menos la mitad de los nuevos productos y servicios que se lanzan cada año, nacen de lo que desarrollan sus empleados en su 20% de tiempo discrecional.

De ahí nacieron Gmail, Orkut, y Google News, entre muchos más.

Un último ejemplo, la fascinante metodología ROWE, que significa «ámbito de trabajo enfocado exclusivamente a resultados», que ha sido implantada en algunas áreas de la cadena de tiendas de productos electrónicos Best Buy.

En el ambiente ROWE los empleados no tienen horarios. Llegan cuando quieren. No tienen que estar en la oficina en un cierto momento, y si no quieren, ni tienen que ir. Sólo tienen que cumplir con su trabajo. Cuándo lo hacen, cómo lo hacen, dónde lo hacen, depende totalmente de ellos. Además, en este tipo de ambiente asistir a junta es opcional.

Uno se pregunta ¿no es totalmente utópico pensar que algo así puede funcionar?

No. En casi todos los indicadores están viendo avances: mejoró la productividad, el trabajador se siente más comprometido, reporta mucha más satisfacción en su trabajo, y por ende ha bajado la rotación. Incluso, algunos empleados han declinado promociones para trabajar en otras áreas de la empresa, porque no cuentan con el sistema ROWE.

En conclusión, hay que aprender de estos ejemplos, porque son una clara luz en el camino para construir un sistema laboral más lógico, humano y productivo, que apoye una recuperación económica más rápida y duradera.

Respuesta: En la opinión de Dan Pink, muchas de las viejas prácticas de incentivos ya no funcionan, ahora se deben aplicar incentivos acordes a los diferentes tipos de negocios.

4. México en el primer mundo

Pregunta: ¿En qué año se convertirá México en una de las diez economías más importantes del mundo?

1. 2030.

2. 2050.

3. 2080.

George Friedman, fundador y jefe de inteligencia de Stratfor, empresa conocida como «la otra CIA», considera que la posición estratégica de Estados Unidos como el país más poderoso del mundo apenas empieza y que se consolidará durante este siglo.

Atribuye, en buena medida, el poder de Estados Unidos a su posición geográfica, que le ha dado el domino de las rutas marítimas, tanto del Atlántico Norte como del Pacífico. Y a su armada, que es la más poderosa del mundo y que, por sí sola, es más grande que la suma de todas las demás.

Explica que quien está posicionado para dominar las rutas marítimas, domina el mundo y que Estados Unidos es y será durante este siglo, omnipotente en este sentido.

Si esto es así, México está en una posición geográficamente privilegiada, y con una oportunidad extraordinaria para convertirse en el puerto estratégico de América del Norte.

Sé que dicen que dada la nueva inversión en Panamá, no es rentable pensar en el proyecto transcontinental que conecte los dos mares a través de Istmo de Tehuantepec. Sin embargo, simplemente detengámonos a soñar un momento. Si efectivamente, éste va a ser el siglo de América del Norte, el convertir a México en el puerto no únicamente de arribo sino de cruce de mercancías, podría ser un proyecto de envergadura digno de forjar nuestro destino.

Friedman proporciona en el libro algunos datos sobre México, que son muy ilustrativos:

México es actualmente la economía número catorce del mundo. Y él proyecta que para mediados de este siglo, México será la economía número siete u ocho.

¿En qué se basa? Primero, aunque muchos ven a México como una economía petrolera, realmente ya no es así. En 1980 el petróleo representaba alrededor de 60% de nuestras exportaciones, sin embargo, hoy es apenas 7%. Sí, México tiene reservas petroleras, pero no depende del petróleo para su crecimiento.

El segundo factor que él considera fundamental, es nuestra proximidad con Estados Unidos.

Y el tercero son las remesas provenientes de Estados Unidos, que forman parte de un complejo tejido social que une a las dos naciones, que son y seguirán siendo una importante fuente de financiamiento para la gente más pobre de nuestro país.

Señala que México es el país más próspero de América Latina, con un ingreso *per cápita* de 12,000 dólares, lo cual nos coloca en el rango de las economías desarrolladas del mundo, e incluso a la par de algunas economías avanzadas.

También nos dice que el hecho de que seamos un país grande, con una población de 110 millones de habitantes y con muchos jóvenes, es una gran ventaja estratégica, en relación con otros países como Estados Unidos o Europa, que ya experimentan una crisis de envejecimiento poblacional.

Ahora, cuando analiza la estructura económica de México, dice que se parece mucho más a la de los países desarrollados, que a aquella de los países en desarrollo. Específicamente, hoy 70% de nuestro PIB se basa en servicios, mientras que la agricultura representa únicamente 4%. El resto está compuesto por industria, petróleo y minería.

También nos señala que la proporción del ingreso centrado en turismo es bastante alta.

Y cuando estudia los indicadores de la Organización de las Naciones Unidas respecto a nivel de vida, expectativa de vida y alfabetismo, México, aunque no está al mismo nivel que Estados Unidos o algunos países europeos, ya se empieza a situar entre los países desarrollados de primer mundo.

Finalmente, Friedman hace otra proyección en este libro que me hizo regocijar:

Analiza quién vive en el territorio que perdió México en la guerra con Estados Unidos (1846-1848). Resulta que hoy, casi 40% de la población es de origen mexicano y que para mediados de siglo serán la etnia predominante.

Esto es sin duda un curioso juego del destino, que 51% del territorio nacional que perdió México hace casi dos siglos, durante este siglo nuevamente se convertirá en una extensión cultural, social y hasta económica de nuestro país.

En conclusión, el mundo ha cambiado y hay que entenderlo y aprovecharlo. Sí, México tiene algunos problemas, pero también tiene mucho, muchísimo a su favor.

¡Tomemos lo bueno y hagámoslo grandioso!

Respuesta: De acuerdo con George Friedman, escritor del libro *The Next 100 Years*, fundador y jefe de inteligencia de la empresa Stratfor, conocida como la otra CIA, será en el año 2050.

3 | Pon al ser humano al centro del negocio

1. Tu gente es el verdadero activo

Pregunta: ¿Por qué ha podido Toyota ganarle a General Motors?

1. Por su tecnología.

2. Por el manejo de su gente.

3. Por el apoyo gubernamental que recibió del gobierno japonés.

Hay una maravillosa historia de Peter Drucker, el extraordinario gurú del *management* del siglo XX.

En los años cincuenta, durante su cúspide, General Motors decidió contratar a Peter Drucker para analizar por qué la empresa era tan exitosa.

Querían acariciar sus egos.

Sin embargo, cuando regresó Peter con su estudio, advirtió que debían descentralizar el poder de su empresa, porque su estructura era extremadamente rígida y poco competitiva. Tenía que convertirse en una empresa que observara, escuchara y aprendiera de sus trabajadores, su mejor activo.

Los altos directivos de General Motors se enfurecieron. ¿Cómo era posible que este arrogante consultor pudiese enseñarle algo a la empresa más grande y exitosa del mundo? Lo habían contratado para hacer el análisis como un primer paso para estrechar la relación y eventualmente invitarlo a ocupar un alto puesto directivo. Pero se veía claramente que se habían equivocado de hombre y que no valía la pena seguir la discusión.

Entonces, Peter Drucker fue invitado a Japón, por la nueva empresa automotriz Toyota, a compartir su punto de vista sobre el manejo empresarial corporativo. Ellos lo escucharon atentamente. Sí, ellos comulgaban con la idea de ser una empresa que escucha, que observa y que aprende. Tomaron en serio las recomendaciones de Peter y las aplicaron al pie de la letra.

Años más adelante, se veía con claridad la evolución de las dos empresas al analizar sus líneas de producción:

En General Motors, detener la línea para sugerir una mejora era un pecado capital. Cuando un trabajador veía algo que estaba saliendo mal en la línea de producción y accionaba un botón para detenerla, sonaba una fuerte sirena, venían el supervisor y el capataz para ver quién estaba creando el problema.

En cambio, en la fábrica de Toyota, cuando el trabajador veía que algo no era ideal, accionaba el botón y sonaba una agradable campanita, a lo que acudían cinco o seis personas con cuadernos para apuntar en detalle todo lo que había observado el trabajador y le preguntaban su opinión acerca de cómo hacer las cosas mejor.

En el caso de General Motors, poca gente hacia sugerencias, y de éstas, muy pocas eran tomadas en cuenta. En el caso de Toyota, los trabajadores eran invitados a dar su punto de vista, 100% de las observaciones eran analizadas y una gran parte eran instrumentadas.

Este sencillo hecho llevó a dos estructuras radicalmente diferentes de *management*. En General Motors, el trabajador se veía como un recurso humano y un costo de operación, mientras que en Toyota se veía como capital humano y el activo más valioso de la empresa.

Lo que pasó con General Motors y con un gran número de industrias en Estados Unidos, es que no fueron capaces de escuchar las advertencias de Peter Drucker, porque sus principios de *management* estaban tan arraigados que no podían ver que existía otra realidad muy diferente a la suya, y que podían y debían llevar a su industria a un nuevo nivel.

Para ilustrar este punto permíteme continuar con la historia. Entonces, hace quince años, estaban cenando dos altos ejecutivos, uno de General Motors y otro de Toyota. Después de unas copas le dijo el ejecutivo de General Motors al de Toyota: «ustedes han podido crecer y prosperar porque no tienen nuestros sindicatos, que nos tienen maniatados».

A lo que respondió el ejecutivo de Toyota: «déjanos manejar una de tus plantas y te demuestro que no es así».

De regreso en su búnker, el ejecutivo de General Motors se reunió con sus altos mandos y decidieron darle una lección a los japoneses. General Motors tenía una planta en Fremont, California, que estaba a punto de cerrar por los pésimos índices de productividad generados por problemas sindicales.

Toyota tomó el control de la planta y en tres años la convirtió en una planta modelo, con 60% más productividad que las otras plantas comparables en la red.

¿Qué pasó? Pues resulta que ahora, la planta de Fremont tenía una estructura mucho más plana que las otras plantas de General Motors y sus trabajadores estaban mucho más motivados, abiertos y emprendedores.

Hay que aprender de este caso, que el trato que le das al colaborador es fundamental, porque si lo tratas como si fuera un tonto holgazán, no te defraudará. Pero, si lo tratas como una persona inteligente y responsable, crecerá al reto y tampoco te defraudará.

Y también visto desde el estado de resultados, construir tu empresa alrededor de tu gente es un gran negocio. En 2007 General Motors perdió 38 mil millones de dólares (mmd), mientras Toyota ganó 16 mmd. Y en 2009, GM tuvo que ser rescatada de la bancarrota por el gobierno de Estados Unidos.

Te invito a reflexionar en tu empresa. ¿Se parece más a Toyota o a General Motors?

Recuerda, una empresa es un organismo vivo. Cada persona es como una célula y una neurona que en su conjunto crean vitalidad y sabiduría.

Apunta en tu cuaderno. Si eres empresario ¿qué puedes hacer para facultar a tus empleados?

Y si eres colaborador pregúntate ¿cómo puedo ayudar a generar una ambiente de trabajo más abierto y participativo?

Respuesta: Toyota ha podido ganarle a GM por el manejo de su gente.

2. El futuro está en la colaboración

Pregunta: ¿Cuál es la mejor estrategia para desarrollar nuevos productos?

1. Contratar a los mejores científicos del mundo y hacer la investigación y desarrollo en casa.

2. Abrir tu proceso de investigación y desarrollo al mundo y buscar que colaboren contigo proveedores, universidades, clientes e incluso competidores.

3. Buscar productos ya probados de otras compañías que pueden integrarse como extensión de tu línea de productos y hacer alianzas estratégicas con estas empresas o incluso comprar las patentes.

Déjame compartir contigo la estrategia de éxito de Procter & Gamble, una de las empresas más icónicas del mundo de los negocios. El gigante de productos de consumo que se reinventó para enfrentar las exigencias del mundo actual.

Transportémonos al año 2000. La empresa número uno en el mundo de productos de consumo entra en crisis. De la noche a la mañana el valor de su acción bursátil se desploma de 118 a 51 dólares. El mercado de valores le está diciendo «he perdido la confianza en ti». El motivo:

Su crecimiento se encontraba estancado y la bolsa pedía 5 mil millones de dólares anuales de ingresos basados en nuevos productos, que no estaban generando.

Su gasto en investigación y desarrollo era altísimo: 4.8%, aunque muy poco productivo.

También su tasa de éxito en investigación y desarrollo era de sólo 35% y únicamente 10% de ideas nuevas eran generadas fuera de la empresa.

Entra a la escena un nuevo presidente del consejo y director general: Alan J. Lafley y comparte su visión de futuro con su gente.

> La bolsa tiene razón. Tenemos que reinventar la empresa. ¡Vamos a ser la empresa de productos de consumo más innovadora del mundo! Y tenemos que hacer más, gastando menos.

> Para ello, tenemos que abrirnos al mundo. Hay que derrumbar las paredes que tradicionalmente han sido el baluarte en nuestro éxito.

> Vivimos en una nueva época y no podemos lograr los resultados que nos exige la bolsa haciendo lo mismo.

Nosotros tenemos un inmenso equipo de 9,000 investigadores. Esto es, más investigadores que las universidades de Harvard y Stanford juntas. ¡Y no son bastantes! Por cada investigador que nosotros tenemos en casa, existen afuera otros doscientos de la misma calidad. Necesitamos abrirnos al mundo y aprender a interactuar con ellos.

Vamos a crear los cinco mil millones de nuevos productos por año que nos pide la bolsa, a través de innovación en colaboración, y para el año 2010, 50% de todos los productos nuevos que lancemos serán creados a través de investigación y desarrollo en colaboración con el mundo exterior.

¿Qué sucedió entre 2003 y 2007?

Pues el valor de su acción se duplicó. Ahora, hay que tomar algo en cuenta, estamos hablando de una empresa que fabrica y vende jabones y pañales, no de una empresa *sexy* como las de alta tecnología.

Específicamente, las utilidades se duplicaron. La liquidez se duplicó. La productividad en investigación y desarrollo mejoró 60%. Y la tasa de éxito en innovación subió a más de 75%.

Metámonos al caso y analicemos la red de colaboración que construyeron para darle la vuelta a la empresa.

Empieza con sus proveedores. Se acerca a los más importantes y les pregunta: ¿te gustaría colaborar conmigo para generar valor para nuestras empresas mutuas? La respuesta fue un entusiasta ¡sí!

De la noche a la mañana pasan de 9,000 investigadores a 59,000. Crean un portal de colaboración con las debidas medidas de seguridad y se ponen a trabajar.

Hoy, Procter & Gamble trabaja mano a mano con sus principales proveedores, adelantándose a las necesidades del mercado y creando valor con sus socios estratégicos.

Otra red que forma parte central de su nueva estrategia se llama NineSigma.com. Es una comunidad de científicos, investigadores y emprendedores. A la fecha, la empresa ha hecho llegar propuestas para investigación y desarrollo de nuevos productos a 700,000 personas ligadas a la red, que generaron cien productos nuevos.

Detente un momento para pensar sobre este punto. Imagínate; gracias a esta red lograron desarrollar cien productos nuevos, sin gastar un centavo en activo fijo o sueldo. Ésta es una verdadera revolución, que está permitiendo a la empresa hacer más, mucho más, con mucho menos.

Otro canal que utilizan para generar recursos se llama Yet2.com, es el eBay de propiedad intelectual. Este sitio cuenta con más de cien mil empresas inscritas, que conforman más de 40% de las patentes de propiedad intelectual en el mundo.

Aquí Procter & Gamble ofrece al mundo todas sus patentes que no están en uso. Una verdadera estrategia de ganar-ganar. Porque para ellos ofrece la oportunidad de monetizar toda aquella investigación y desarrollo que no se había convertido en un producto viable para la empresa. Sin embargo, para miles de empresas pequeñas y medianas alrededor del mundo, que no tienen el músculo para investigar y desarrollar, es una panacea.

Otra de las redes que desarrollaron, junto con Eli Lilly y Boeing, se llama YourEncore.com. Este recurso permite a Procter & Gamble cazar a expertos retirados con oportunidades de investigación. La fórmula es sencilla y atractiva para ambas partes. Cuando la empresa requiere un talento específico, busca entre la base de datos de expertos retirados, y les paga durante el periodo de trabajo una vez y media su último salario mensual.

Para la empresa resulta una fórmula muy económica en comparación con lo que cuestan los consultores tradicionales. Y para los expertos retirados es una fuente de ingresos muy atractiva y la oportunidad de mantenerse activos.

Un último ejemplo de inteligencia colectiva que quiero mencionar se llama Innocentive.com y funciona ofreciendo premios monetarios por resolver problemas específicos. Por ejemplo, está Netflix, que ofrece un millón de dólares a cualquier persona que le pueda ayudar a mejorar en por lo menos 10% su motor de búsqueda de películas. A la fecha han recibido miles de propuestas de más de cien países. El periodo de recepción de propuestas concluirá en 2010.

Un dato relevante es que 40% de los retos publicados en Innocentive son resueltos. También es importante mencionar que la mayoría de los incentivos son de 10,000 a 15,000 dólares, por lo que se convierte en un medio de investigación y desarrollo accesible para todo el mundo.

Otra estrategia que implantaron fue buscar productos existentes en otras partes del mundo y hacer alianzas con los fabricantes o comprar las patentes. Algunos ejemplos:

Un investigador en Asia, al recorrer un supermercado en Tokio, encontró un nuevo producto que después se convirtió en Mr. Clean Eraser.

Buscando en su red encontró un pastelero en Bolonia, Italia, que había desarrollado con la Universidad de Bolonia un sistema de impresión de imágenes en galletas y pasteles, que posteriormente se utilizó para imprimir imágenes y frases sobre las botanas Pringles, ahorrándole a la empresa mucho tiempo y dinero en investigación y desarrollo, al no ir por el camino tradicional de desarrollar la tecnología contratando a una empresa experta en impresión como Hewlett-Packard.

Finalmente, hay que aprender de Procter & Gamble lo que llaman su práctica de los diez mandamientos. A diferencia de otras empresas que hacen planes anuales muy elaborados y después no sucede nada, en el caso de Procter & Gamble, anualmente cada unidad de negocio determina los diez requerimientos más importantes del consumidor, y los convierten en casos para investigación y desarrollo.

Procter & Gamble es un ejemplo a seguir. En lugar de lamentarse de los profundos cambios que existen en el mundo, que amenazaban con destruirla, supo aprovecharlos para generar valor y adecuarse a las exigencias del mundo actual.

¿Y tú que estás haciendo? Te invito a visitar estos sitios y hacer tuya esta extraordinaria red de colaboración.

Respuesta: Las tres opciones son excelentes para desarrollar productos y el conjunto de las tres es lo ideal.

3. Si tú los cuidas, ellos te cuidarán

Pregunta: La empresa de consultoría Bain & Company realizó un estudio entre 362 altos ejecutivos, para conocer cómo veían la calidad del servicio que ofrecían a sus clientes.

El 96% de los entrevistados dijeron que sus empresas estaban enfocadas al cliente y 80% de ellos pensaban que brindaban un servicio superior.

Ahora, cuando les preguntaron a los clientes qué porcentaje de las empresas con las cuales tratan les dan un servicio superior, ¿qué respondieron?

1. 80%

2. 27%

3. 8%

¿Qué hacen las empresas que son calificadas por los clientes como las mejores del mundo? ¡Siguen la regla de oro! Tratan al cliente como les gustaría ser tratados si ellos fueran el cliente.

Vivimos en un mundo de colaboración y reciprocidad. Las empresas que lo entienden y que lo viven están asegurando su futuro, sobre una base de clientes contentos que los respetan y los promueven.

La pregunta es: ¿eres tú uno de ellos?

Veamos unos ejemplos de cómo operan estas empresas para que puedas comparar:

La Aseguradora USAA paga por retención más que por adquisición

Su lema en el área de servicio a clientes es «trata al cliente como te gustaría ser tratado si tú fueras el cliente». Sus agentes son evaluados por su habilidad para resolver el problema del cliente en la primera llamada. Los facultan para hacerlo, e invierten en ellos y ellas el doble en entrenamiento que sus competidores.

Otro aspecto fundamental en su modelo de negocio es que sus agentes ganan más por retener a clientes que por traer a nuevos. Sus agentes se convierten en importantes miembros de la comunidad. Y esto ha hecho que su tasa de retención y de referidos sea la más alta de su industria.

Como empresario, es importante entender que nuestras políticas de pago de comisiones son elocuentes. Puedes decir que estás enfocado en los clientes, pero cuando pagas a los ejecutivos para que compitan entre ellos, estás generando rivalidad y un mal ambiente de trabajo, que termina por afectar a los clientes.

Por ejemplo, en el caso del agente telefónico, si le pagas a éste por número de llamadas atendidas, favoreces que brinde un mal servicio, porque estás estimulando que transfiera todas las llamadas complicadas, para no ser penalizado.

Veamos ahora dos empresas dónde los clientes literalmente se tatúan la marca en la piel.

Harley-Davidson: vive con tus clientes

El presidente de la empresa dice: «no vendemos motocicletas, vendemos estilo de vida». Por ejemplo, el área de atención a clientes está integrada por ejecutivos retirados de la empresa que entienden y aman su mística. Créeme, esto en verdad hace una diferencia.

Otra cosa que hacen para estar realmente cerca de su mercado, es que los altos ejecutivos de Harley-Davidson se inscriben cada año para participar en viajes con los miembros de los clubes HOG (Harley Owner Groups). Hay 1,500 clubes en Estados Unidos, que suman más de un millón de participantes.

La experiencia de convivir con sus clientes les da un conocimiento muy valioso de las fuerzas y debilidades de la empresa. Lo que es más, muchas de las adecuaciones que ellos ven que los clientes hacen a sus motocicletas, se convierten en los insumos para nuevos productos de la marca.

Apple: el presidente súper estrella

Cada año se reúnen los fans de Steve Jobs en el Mac World, en San Francisco, a escuchar a su ídolo hacer un comercial de una hora y media, aplaudiéndole cada nuevo adelanto que presenta.

Esta interacción entre el presidente de la empresa y sus clientes crea una poderosa mística que le otorga a Steve Jobs un estatus similar al de una estrella de rock entre sus fans.

Steve supo crear la mística detrás de la marca. Los usuarios de Apple se sienten diferentes y están dispuestos a pagar un precio superior por formar parte de este selecto grupo.

eBay: creo en ti

Aquí no se están tatuando la marca sobre el cuerpo, sin embargo, esta empresa ha crecido exponencialmente gracias a su filosofía de colaboración, que es otra forma de vinculación afectiva.

A continuación te muestro algunos puntos de su credo para que identifiques si los aplicas en tu empresa:

- Creemos que la gente es fundamentalmente buena.

- Creemos que todos tenemos algo con qué contribuir.

- Creemos que un ambiente abierto y honesto hace que la gente dé lo mejor de sí misma.

Y el mercado responde. Más de 70% de los clientes de eBay son promotores de la empresa y más de 50% de los nuevos clientes son referidos. Impresionante ¿verdad?

En México, eBay es socio de MercadoLibre, que tuvo ventas por más de 2,100 millones de dólares en Latinoamérica, durante 2008, a través de más de cuarenta de miembros registrados en la región.

En 2009, las ventas fueron aún mayores que el año anterior. Se comercializaron más de 29 millones de artículos en 2,750 millones de dólares.

A diferencia de Estados Unidos, en México el modelo original de subasta de cosas usadas no funciona. Aquí, 88% de las 21 millones de transacciones que se llevan a cabo mensualmente se realizan a precio fijo, y 79% de todas las computadoras, autos y juegos que se venden son nuevos.

Otro dato interesante es que más de 40,000 personas en la región viven de los ingresos que generan mediante el comercio electrónico que hacen a través del sitio. Hace un año eran 25,000 personas.

Costco: menos es más

Costco es la cadena de tiendas de bodega más rentable y de más rápido crecimiento del mundo.

Maneja mucho menos productos que su competencia. Pero cada producto es cuidadosamente seleccionado asegurando la mejor relación precio/calidad del mercado, lo que ha llevado a Costco a ser la cadena con el mayor índice de satisfacción del consumidor.

Resulta que al consumidor no le interesa tener una gran selección de productos de diferentes precios y calidades, sino una selección cuidadosamente hecha que ofrece la mejor opción de precio/calidad.

Una muestra de esta filosofía de Costco es su marca propia de productos Kirkland, lanzada en 1995, y que se ha convertido en uno de los casos de éxito de marca propia más exitosos del mundo. Mientras la mayoría de las marca propias son sinónimo de precio bajo y calidad aceptable, los productos Kirkland son sinónimo de buena calidad a precio justo.

Les recomiendo su selección de vinos de la casa, Kirkland Signature: son excelentes. Una muestra clara de su dedicación a ofrecer buenos vinos a buenos precios, es que hoy Costco se ha convertido en el mayor vendedor de vinos en el mundo.

El modelo de pocos productos, cuidadosamente seleccionados, permite a Costco vender más unidades de cada producto, y a la vez ofrecer precios más competitivos y relaciones más profundas con sus proveedores.

Costco tiene 566 bodegas alrededor del mundo, de las cuales 32 están en México, en donde operan a través de una sociedad al 50-50 Costco y Comercial Mexicana.

Amazon.com: dale voz a tus clientes

Jeff Bezos, su fundador y CEO comenta: «si construyes una gran experiencia, los clientes la comentarán entre ellos y se convertirán en nuestros grandes promotores». Y no únicamente lo ha hecho con clientes, sino con socios de negocio, creando comunidades de decenas de miles de empresas promotoras que han capitalizado la infraestructura de Amazon para generar todo tipo de negocios. Desde librerías especializadas hasta nuevos sistemas comerciales, como Scanbuy Shopper, un nuevo servicio que te permite ingresar el número de código de barras en tu teléfono celular y obtener instantáneamente información sobre el producto que estás viendo, para poder compararlo al instante con el resto de las opciones en el mercado.

Quiero invitarte a reflexionar acerca de tu empresa y a preguntarte si estás siguiendo la regla de oro: «estoy tratando a mi cliente como me gustaría ser tratado si yo fuera el cliente.» Si la respuesta es sí, felicidades. Si la respuesta es no, cambia.

Proponte, a partir de hoy, estar más cerca de tu cliente. Haz un ejercicio en tu cuaderno. Piensa, ¿cómo puedo aplicar a mi negocio el manejo de comisiones de USAA, la pasión de Harley-Davidson y Apple, la selección de productos de Costco, o lo inclusivo de Amazon.com? Hazlo. Te espera una vida más interesante, rica y próspera al hacerlo.

Respuesta: Sólo 8% de los clientes consideraban el servicio que recibían como superior. Es decir, hay una brecha 10:1 entre percepción y realidad.

¿Qué está pasando? ¿Por qué existe este gran desconocimiento de los ejecutivos en cuanto al servicio que realmente están ofreciendo? ¿Nos estamos haciendo tontos?

Mas de 80% de las nuevas empresas no llegan a los cinco años. ¿Será que estas empresas no tratan a los clientes como les gustaría ser tratados si fueran ellos los clientes?

4. Piensa fuera de las cuatro paredes

Pregunta: ¿Qué es el cemento?

1. Un producto básico.

2. Un producto creativo.

3. Amor.

Ahora, hablemos de una gran empresa mexicana, Cemex, que nos ofrece fascinantes casos de cómo formular una estrategia a través de pensar más allá de tu industria, en la venta del cemento y del concreto.

Empecemos con la venta del cemento:

Hace algunos años se encontraba totalmente estancada la venta de bolsas de cemento. El 85% del mercado era generado por la autoconstrucción, es decir, estaba conformado por personas de escasos recursos que tenían la ilusión de ampliarle un cuartito a su pequeña casa y que, en promedio, estaban tardando entre cuatro y siete años para completar la obra, una vez que iniciaban el proyecto.

Cemex estudió el mercado y descubrió que tardaban tanto en completar la obra porque el poco dinero discrecional que tenían estas familias, lo invertían en financiar las celebraciones sociales en sus pueblos: bodas, quince años y bautizos. Actividades que eran consideradas fundamentales para mantener y acrecentar el prestigio en la comunidad.

Entonces, Cemex decidió cambiar su forma de pensar: tenía que dejar de pensar en vender bolsas de cemento y mejor centrarse en crear experiencias con base en el estilo de vida de sus clientes. Así descubrió una gran oportunidad para darle sentido a su producto, asociándolo como una parte integral de los valores que motivaban a sus clientes potenciales, y lanzó el programa Patrimonio Hoy.

Comunica al mercado que el mayor bien que podría ofrecerle a sus seres queridos es un hogar. Un espacio bien construido donde puedan gozar en familia del amor y la felicidad, en un ambiente saludable y seguro.

Capitaliza la costumbre que ya existía en las comunidades para financiar importantes proyectos a través de utilizar tandas para generar ahorro. Y posiciona al cemento como un obsequio fundamental de amor.

Las tandas son un mecanismo ancestral de cooperación social, que han utilizado las comunidades en diversas partes del mundo, desde Vietnam hasta México, para crear una forma de apoyo económico. Funcionan creando una reserva monetaria con las aportaciones de los participantes, que se convierte en un sistema de crédito que ayuda a la gente a afrontar sus necesidades.

El modelo de tandas creado por Cemex es constituido por grupos de alrededor de setenta personas que aportan en promedio 120 pesos a la semana, durante setenta semanas.

Cada ganador de la *súper-tanda* recibe todo el material requerido para construir una habitación completa. Cemex se encarga de entregar todo lo requerido en el domicilio del ganador y brindarle asesoría técnica a lo largo de todo el proceso de construcción.

Pero Cemex no se quedó ahí, la empresa realiza una pequeña fiesta en el pueblo cada vez que un participante termina su obra, reforzando así el beneficio de felicidad y bienestar que genera el programa, y lo divertido que es participar en las *súper-tandas*.

De esa forma, mientras sus competidores venden bolsas de cemento, Cemex está vendiendo la construcción de sueños.

Esta estrategia de darle un sentido humano al cemento, ha permitido a Cemex transformar un mercado estancado que competía por precio, en un mercado dinámico que en el momento de la redacción del caso, está creciendo a una tasa superior a 15% mensual.

Además, Cemex encontró que el sistema de financiamiento por medio de tandas era un mecanismo ideal para asegurar el pago oportuno de todos los participantes, debido a la presión social del grupo, que genera el modelo de colaboración.

Te exhorto a pensar en tu negocio. ¿Cómo puedes reposicionar tu producto o servicio para asociarlo a lo que es realmente importante para el mercado?

Ahora repasemos el caso Cemex de la venta de concreto, que ha sido el éxito más sonado de esta empresa, y aunque ya lleva muchos años, también vale la pena repasarlo por si acaso no lo conoces.

Wilfredo Pareto decía que la creatividad es encontrar nuevas relaciones entre cosas existentes, y es lo que hizo el ingeniero Zambrano, el presidente de Cemex, a fines de la década de los noventa.

El cemento es un *commodity* como el acero, el azúcar y el petroleo, y por lo tanto uno de los negocios más duros y menos flexibles del mundo. No obstante, Cemex supo salirse de la trampa del precio en la cual estaba inmerso el resto del mundo.

Cemex está catalogada entre las cincuenta empresas más tecnificadas del mundo.

Esto la llevó a ser la empresa más rentable de su industria.

Cemex es hoy la tercera cementera más grande del mundo y la primera concretera.

¿Cómo lo hicieron?

Tenían un problema serio: la vida del concreto dentro de una revolvedora es de apenas cuatro horas, lo que lo convierte en un producto terriblemente perecedero. Y el tiempo promedio para entregar pedido en esa época era de tres horas. Su margen de maniobra en caso de cualquier percance, como un embotellamiento de tránsito, era muy limitado.

Como todas las otras empresas en su ramo alrededor del mundo sufrían del mismo problema, y ninguna había encontrado una adecuada solución, Cemex decidió analizar empresas en otros sectores con mismo tipo de problema. Definió el problema como demanda no previsible y entrega rápida. Analizó el caso de Federal Express de Memphis, Tennessee, y el servicio de emergencia telefónico 911 de Houston, Texas.

Descubrieron que ambas empresas utilizaban sistemas de GPS para poder conocer en tiempo real situaciones de tránsito y así poder contar con un mejor sistema logístico.

Este cambio en el sistema permitió reducir el tiempo de entrega de tres horas a 20 minutos, y reducir 35% su flotilla de camiones revolvedores.

Esto resultó en una estrategia ganar, ganar, ganar. Primero, aumentaron sus ventas; segundo aumentó su utilidad, al mismo tiempo que aumentó la satisfacción del cliente en forma exponencial.

Hoy, llegan los camiones revolvedores a las diversas estaciones situadas estratégicamente en las principales ciudades de la república, y utilizan un sistema de autoservicio para cargar la mezcla de concreto, de acuerdo con las especificaciones requeridas.

Te invito a tomar un momento para analizar este caso y preguntarte si tienes en tu empresa los sistemas adecuados para revolucionarlo.

Respuesta: En el caso de Cemex, el cemento es amor.

5. Libera tu creatividad a través de la magia de la piña y el chocolate

Pregunta: ¿Qué necesitamos para ofrecer al turista, en México, experiencias que van más alla de sol y playa o ciudades coloniales?

1. Dinero.

2. Infraestructura.

3. Creatividad.

Hagamos un pequeño ejercicio. Tomemos algo tan sencillo y a la vez tan profundo como un par de frutas americanas: la piña y el cacao.

Si nos ponemos a escarbar un poco en sus historias, encontraremos unas verdaderas joyas que dan pie a maravillosas anécdotas, que hacen volar la mente, enamorándonos de la tierra que las produjo.

Empecemos con la historia de la piña.

Cuando llegaron los primeros españoles a México, se enamoraron de la piña y se llevaron a España algunos ejemplares para que la probara la realeza. Ellos también fueron subyugados, y debido a que la piña tenía una corona, la llamaron la reina de las frutas.

La piña se convirtió en el manjar de los reyes en el siglo XVII y viajó por toda Europa.

En 1670 el rey Carlos II de Inglaterra, conocido como «el alegre monarca», dio un flamante banquete a Jean-Baptiste Colbert, ministro francés de la corte de Luis XIV, deslumbrándolo con el agasajo de piñas cultivadas en sus invernaderos reales.

Tal fue la locura de la piña, que hasta existe una cúpula en forma de piña en el castillo de Lord Dunmore, en Escocia central.

Qué podemos decir del cacao, que fue alimento, riqueza y poder para los mayas y aztecas, al grado que hasta se convirtió en su moneda. Y después se volvió fuente de poder y riqueza para los españoles, mientras mantuvieron el monopolio de la almendra del cacao en el nuevo mundo.

Bernal Díaz del Castillo, el soldado que acompañó a Hernán Cortés y escribió el libro *Historia verdadera de la conquista de la Nueva España*, nos narra en él un banquete de más de trescientos platillos ofrecido por el emperador Moctezuma a Cortés, en el que se sirvió bebida de cacao en finas copas de oro.

Un dato interesante; el chocolate antes de la conquista se tomaba al final de las comidas como una bebida fría, amarga y picante, que no tenía nada que ver con la bebida dulce y caliente que hoy llamamos chocolate.

La bebida de chocolate que sirvió Moctezuma a Cortés seguramente estaba condimentada con flores aromáticas y especias. Probablemente con la misma flor de cacao y flor de la vainilla, con chile, miel y un poco de achiote para darle un bello color rojizo.

Qué historias, qué ricura. Imagínense la experiencia vivencial que podríamos recrear para selectos turistas interesados en la cultura y la cocina, haciendo un paquete turístico llamado «Agasajo en la mesa de Moctezuma en la gran Tenochtitlán», que les permita vivir *in situ* nuestra historia, aprendiendo, cocinando con utensilios autóctonos y saboreando manjares de la mesa de Moctezuma hechos con chocolate, zapote, la fruta de la pasión y piña. Todo montado en una gran escenografía, con el talento de nuestros grandes museógrafos, cocineros y artistas.

Hay que crecer ante las exigencias del turismo de gran calidad. Ahí radica la oportunidad. Ahí radica el futuro.

Respuesta: Para ofrecer experiencias memorables simplemente se requiere creatividad.

Cada vez más, el turista busca más que simplemente sol y playa o ciudades coloniales. El turista quiere vivir una experiencia memorable y nuestro querido México tiene mucho, muchísimo que ofrecer. Hay que crecer al reto y construir ofertas cada vez más incisivas, interesantes e inolvidables.

6. Se reescribe cómo se diseña, fabrica y vende ropa

Pregunta: ¿Cuál es la cadena de venta de ropa al menudeo más grande, dinámica y rentable del mundo?

1. Zara.

2. Gap.

3. H&M.

Quiero cerrar esta sección con el fascinante caso Zara. Una empresa con un auténtico enfoque al consumidor.

Para los que no la conocen, Zara es la empresa insignia del consorcio español Inditex, que tiene bajo su paraguas las marcas Zara, Zara Home, Zara Kids, Bershka, Pull and Bear, Massimo Dutti, Oysho, Stradivarius y las tiendas de accesorios de lujo Uterqüe, que por cierto, abrieron su primer sucursal en México en diciembre de 2009, en el centro comercial Antara.

Entonces, la pregunta es: ¿qué distingue a Zara de su competencia?

La distingue su modelo de negocio, conocido como moda rápida, que se adapta mejor que nadie a las preferencias del cliente. Ofrece moda actual, a un precio por debajo de la competencia, y con una calidad adecuada para diez puestas. Seguramente muchos se preguntarán, ¿no ofrecen todos lo mismo? Y la respuesta contundente es: no.

Primero, el tiempo de respuesta es totalmente diferente. Mientras la competencia se la pasa desarrollando desfiles y tratando de imponer la moda, Zara crea un modelo flexible que responde a las expectativas del mercado.

El modelo tradicional a través de desfiles de moda, opera bajo largos ciclos de investigación y desarrollo que tardan entre seis y nueve meses. Esto es, entre que se diseña la prenda, se exhibe en la pasarela, se hace la apuesta de lo que pegará en la próxima temporada, se fabrica y se distribuyen las prendas a las tiendas, pasa por lo menos medio año. Mientras, Zara se percata de los intereses del mercado, fabrica e introduce un nuevo diseño en sus tiendas en sólo dos o tres semanas.

Esto conlleva un modelo de negocio totalmente diferente.

Déjame darte algunas cifras:

Los clientes de Zara visitan la tienda en promedio 17 veces por año, mientras que los clientes de su competencia visitan la tienda sólo de tres a cuatro veces en el mismo lapso. Leíste bien, 17 veces en comparación con tres o cuatro. Estamos hablando de más de cuatro veces el tráfico *per cápita* por tienda. ¡Wow!

Por otro lado, quien va a la tienda Zara va para comprar, porque Zara ha creado una estrategia de tener pocas existencias de cada pieza en la tienda, generando así una alta rotación, gracias a una sensación de escasez, que motiva a la gente a comprar lo que le gusta en el momento. Esto lleva a Zara a manejar más de 11,000 modelos por año, en comparación con los 2,000 a 4,000 modelos que maneja su competencia.

Otro factor que incentiva la visita frecuente y la compra inmediata es que, a diferencia de la competencia que utiliza parte del local como almacén, haciendo al cliente sentir que no hay urgencia para comprar, Zara aprovecha todo el espacio de piso para exhibición y venta, resurtiendo sus más de 4,000 tiendas alrededor del mundo dos veces por semana, con nueva mercancía.

Esto nos lleva a una modelo comercial totalmente diferente. Mientras que la competencia está tratando de adivinar e imponer la moda a través de grandes desfiles, de grandes diseñadores, respaldados por grandes presupuestos de publicidad, Zara por su lado no participa de este mundo. No crea moda para ser exhibida a la élite, en espera de que ellos y ellas definan la temporada. Y tampoco gastan grandes sumas en publicidad.

Específicamente, Zara invierte 0.3% de sus ventas en medios, mientras que su competencia gasta entre 3 y 4%. Y en vez de tratar de inventar e imponer la moda, ellos observan lo que está pasando en las universidades, en los antros y en los medios, al mismo tiempo que ponen mucha atención a lo que pide y compra su cliente en sus tiendas.

Con base en este conocimiento han creado un motor comercial sin precedentes en el mundo de la moda.

A diferencia de sus competidores, que empeñan su futuro en función del mecanismo tradicional de tratar de imponer la moda, Zara posee un modelo rápido y flexible, que responde a las preferencias del consumidor a toda velocidad.

Mientras que la competencia le apuesta a sus decisiones, fabricando entre 85% y 100% de lo que esperan vender durante toda la temporada y surtiendo grandes cantidades de mercancía a sus tiendas, Zara apenas compromete 15% de sus inventarios al inicio de la temporada, permitiéndose una extraordinaria flexibilidad, para ir ajustando sus inventarios y modificando su oferta de moda, en tiempo real, de acuerdo con las preferencias de los clientes.

Si una prenda pega, en menos de dos semanas hay nuevas variantes sobre el modelo ganador en la tienda. Si un modelo no funciona, el gerente tiene el incentivo para deshacerse de él de inmediato y la fábrica utiliza la tela que queda para introducir un nuevo patrón.

Esto conlleva niveles de eficiencia sin precedentes en esta industria. Mientras la tasa de fracaso de nuevos modelos que introducen las grandes marcas es, en promedio, de 10%, la tasa en Zara es inferior a 1%. Y esto se traduce en poder vender más prendas a precio completo.

Resulta que el modelo tradicional termina vendiendo 40% de sus prendas con algún tipo de descuento e incluso muchas terminan rematadas en los *outlets*. Mientras que en el caso de Zara, menos de 15% de las prendas son vendidas con descuento.

En conclusión, hay que enfocarnos en lo esencial. El cliente es la razón de ser de toda empresa. Y Zara es un ejemplo a seguir, no únicamente en el mundo de la moda, sino para todos nosotros que tenemos negocios. Te invito a inspirarte en este caso y a pensar en cómo innovar y crear un mejor modelo de negocio, que te permita responder más rápidamente a los deseos, preferencias y necesidades de tus queridos clientes.

Respuesta: Zara es la cadena de venta de ropa al menudeo más grande, dinámica y rentable del mundo.

4

Abraza la sustentabilidad

Piensa en los hijos de los hijos, de tus hijos.

1. ¿Estamos provocando un colapso ecológico?

Pregunta: ¿Qué es la capacidad de carga?

1. El peso que puede transportar una camioneta.

2. El voltaje que puede almacenar una batería.

3. La población máxima de una especie que puede soportar un ecosistema.

Quiero abrir esta sección compartiendo contigo una historia que me ayudó a entender lo que realmente significa la palabra sustentable.

Situémonos en 1943, en una pequeña isla llamada Saint Matthews, fuera de las costas de Alaska, en el mar de Bering. Están ahí estacionados 19 guardacostas norteamericanos, que deciden importar algunos renos, como fuente de alimento de emergencia, en el caso de que se prolongue la Segunda Guerra Mundial.

Piden a los biólogos de la marina un análisis de la capacidad de carga de la isla, para ver cuántos renos puede soportar, sin causar un impacto ambiental negativo.

Regresa el veredicto: la capacidad de carga de la isla es de 13 a 18 renos por milla cuadrada. Puede soportar una población total de 1,600 a 2,300 animales.

La capacidad de carga es un tema que entienden perfectamente los campesinos. Mientras exista un equilibrio entre los recursos naturales que produce la tierra, como pastos o plantas, y el número de vacas o borregos que se alimentan de ellas, sus animales siempre tendrán una fuente sustentable de comida, y los campesinos gozarán de la leche y carne que requieren para asegurar su futuro. Pero si sobrepasan la capacidad de carga de la tierra, con demasiadas vacas o borregos, sus animales acabarán con la comida y morirán junto con la fuente de sustento.

Regresemos a nuestra historia. Es el año 1944, llegan a la isla 29 renos. Saint Matthews es un paraíso para ellos. Una tierra llena de musgos y espesos líquenes sobre las piedras. También hay abundantes abedules y sauces. Los renos son los reyes de la isla. La tierra es rica en alimento, y no hay otro depredador más que los guardacostas, que al poco tiempo se van, antes de cazar un solo reno, dejándolos en la isla como amos y señores de su tierra.

Doce años después va a la isla un investigador para ver lo que ha pasado con los renos, y descubre que esos 29 se han convertido en 1,350. De acuerdo con los estudios de los biólogos, están acercándose al número de capacidad de carga de la isla. Los renos se ven sanos y fuertes, y la fuente de alimento es abundante y frondosa. Toma nota y se va.

Regresa nuevamente a los seis años. En todos lados ve la presencia de los renos, y empieza a notar algo de desgaste en la isla. Ya se ven pisoteados los líquenes y los arbustos. En sólo seis años, los 1,350 renos se han convertido en 6,000.

Ya se ha excedido por mucho la capacidad de carga de la isla. Y piensa, esto pinta para desastre. Toma nota y se va.

Ahora, regresa a los tres años. Al descender del barco ve por todos lados esqueletos de renos. La isla parece un macabro cementerio. Ya no hay vegetación, los renos han acabado con todo, convirtiendo en un infierno lo que había sido su paraíso. Ahora, no hay más frondosos líquenes sobre las piedras, ni hermosos abedules y sauces por todos lados. No, ahora sólo hay un desierto, lleno de esqueletos. Recorre la isla y cuenta los sobrevivientes, 42. Específicamente, 41 hembras y un macho deforme.

Era increíble; había desaparecido 99% de la población.

Ya para 1980 todos los renos habían muerto. Y hoy el único sonido que oyes en la isla de Saint Matthews, es el ruido del viento soplando sobre las piedras desiertas.

¿Qué pasó? En términos ecológicos es un caso clásico de rebase sustentable, que termina en colapso. Habían excedido la capacidad de sustento de la isla. Y se habían enfrentado con una de las leyes inviolables de la naturaleza; no puedes consumir más de la capacidad que tiene la tierra para renovar lo que consumiste.

Al escuchar esta historia, sentí un balde de agua fría. Pensé, hay una terrible similitud entre el paraíso libre de depredadores que encontraron los renos al llegar a la isla de Saint Matthews, y nosotros, los seres humanos, sobre nuestra hermosa Tierra.

¿No será que lo que pasó en esa pequeña isla, es en pequeña escala lo que le estamos haciendo nosotros a gran escala a nuestro planeta?

Me da escalofrío pensar que, al igual que los renos, nosotros también estamos consumiendo a gran escala los recursos de la Tierra, más rápidamente de lo que pueden ser renovados, y que tarde o temprano nosotros también nos estrellaremos con la misma ley inviolable, con la cual se estrellaron los renos en la isla de Saint Matthews: consumir más de lo que la Tierra puede producir, termina en colapso.

¡Después de esta historia entendí lo que es la sustentabilidad! Aunque el mundo parece inmenso e ilimitado, no lo es. Vivimos en un ecosistema cerrado con leyes inviolables como la capacidad de carga. Hay que entenderlas y respetarlas. De ello depende disfrutar de otro amanecer. ¿No crees? Te invito a compartir esta historia con tu familia, amigos y compañeros.

Respuesta: La capacidad de carga es la población máxima de una especie que puede soportar un ecosistema.

2. Biomimética: cómo generar una revolución industrial observando a ballenas, arañas y mariposas

Pregunta: ¿Quién es la «maestra de maestros»?

1.   Elba Ester Gordillo.

2.   La naturaleza.

3.   La intuición.

Ahora, quiero hablar de la biomimética[7], una nueva disciplina que se basa en crear tecnologías sustentables inspiradas en la naturaleza.

Te invito a detenernos un momento a pensar en la profunda sabiduría que ha adquirido la naturaleza a través de 3,800 millones de años de perfeccionamiento, durante los cuales ha aprendido lo que funciona, lo que es correcto y lo que perdura.

Iniciemos nuestra aventura al mundo de la biomimética analizando uno de los primeros éxitos de la creación de producto, basado en la observación de la naturaleza: el velcro. Situémonos en 1941, cuando el ingeniero suizo George de Mestral se pregunta cómo es que se pegan con tanta insistencia las semillas de diversas pequeñas plantas de campo, al pelo de su perro y a sus propios calcetines. Al observarlas bajo el microscopio, ve que están cubiertas de pequeños ganchos, que se agarran tenazmente a todo lo enlazable. Y con base en esta observación, inventa el velcro, que funciona al unir una superficie de pequeños ganchos, a otra de pequeños lazos.

Uno de los primeros usos que se le dio al velcro fue crear cierres para trajes de buzos y después para los trajes de astronautas. Hoy se usa para cerrar tenis, ajustar pañales desechables y hasta para un juego muy popular en los bares de Nueva Zelanda, que consiste en ponerse un traje de velcro y jugar a saltar y quedarse pegado a la pared.

Otro descubrimiento basado en la observación de la naturaleza, es conocido como el principio dorado de la aerodinámica, que se funda en estudiar todas las formas de espirales logarítmicas que encontramos en la naturaleza. Por ejemplo, en la estructura de la concha marina, en la flor de girasol y hasta en los huracanes. Al estudiar las matemáticas de la naturaleza, que se rigen por reglas como la secuencia de Fibonacci, empresas como el grupo PAX han encontrado nuevas y mejores formas para mover aire y líquidos. Resulta que el camino de menor resistencia no es una línea recta, sino la espiral, y al aplicar este principio a bombas, ventiladores y motores, han logrado reducir el requerimiento de energía en más de 15%. Su descubrimiento hoy se aplica a refrigeradores, plantas de tratamiento de agua, ventiladores de computadoras y turbinas.

Y hablando de turbinas, otro fascinante adelanto es la creación de hélices, turbinas y ventiladores que se basan en la observación de la forma de las aletas de la ballena jorobada, que le dan extraordinaria agilidad para maniobrar en el mar. Resulta que sus aletas no son lisas, sino que tienen chipotes a lo largo de la orilla, que crean un efecto de turbina de propulsión en el agua.

Al aplicar los científicos este principio a las alas de un avión, han encontrado que este pequeño cambio estructural reduce 32% el arrastre del aire, al mismo tiempo que produce 8% más propulsión.

Otros han aplicado el principio de la forma de aleta de ballena jorobada a las hélices de las turbinas en las granjas de viento, mejorando en más de 20% su eficiencia.

Un invento interesante más es el efecto loto, que crea superficies que se limpian a sí mismas. El descubrimiento se centró en analizar y copiar la estructura de la superficie de la hoja de loto. Resulta que las hojas de esta planta nunca se ensucian, porque su ingenioso diseño rugoso hace que el agua se condense, formando pequeñas perlas de agua, que se deslizan sobre la superficie y arrastran con ellas toda la mugre.

Hoy ya existen empresas de pintura que están creando nuevos recubrimientos para fachadas de edificios que se limpian a sí mismos. Y la empresa textil Green Shield está aplicando este principio a telas para que no se manchen.

Otra empresa que está experimentando con este principio es General Electric, que lo está aplicando, por medio de la nanotecnología, al vidrio y al metal, creando parabrisas que ya no requieran de limpiadores, al igual que carrocerías de automóvil que ya no requieran de cera para mantener flamante la pintura.

Ahora, trasladémonos de las hojas de loto a los secretos de los bellos colores de las alas de las mariposas. Cuando penetramos en su estructura, descubrimos que sus alas realmente no contienen colores. Las imágenes y colores que vemos son creados por el reflejo de la luz sobre las escamas de sus alas, que gracias a su ingeniosa organización, producen la ilusión del color a través de la refracción de la luz.

A partir de este principio, la empresa textil japonesa Morphotex ya ha creado telas de color, sin el uso de tintas contaminantes. Los colores son creados a través del tejido y espesor de la tela.

Y en un ámbito totalmente diferente, basados en el mismo principio del entendimiento de cómo el ojo percibe el color, la empresa estadounidense de tecnología móvil Qualcomm ha desarrollado pantallas a color para teléfonos celulares y asistentes digitales personales, que consumen mucho menos energía al funcionar mediante la refracción de luz.

Para terminar este breve recorrido por la biomimética, déjame platicarte sobre la empresa canadiense Nexia, que ha creado una tela ligera y flexible, que es cinco veces más resistente que el acero. Basaron su diseño en las propiedades de la tela que producen las arañas para tejer sus telarañas.

No cabe duda que tenemos mucho que aprender de la naturaleza, la «maestra de maestros». Invito a nuestros amigos industrialistas a aprovechar todos estos adelantos científicos, que a través de sus elegantes diseños hacen más eficientes todos los procesos.

Ha llegado el momento. Aprendamos a ahorrar energía y generar riqueza, al mismo tiempo que cuidamos y preservamos el delicado equilibrio en la extraordinaria cadena de vida, de la cual somos parte.

Respuesta: De acuerdo con Leonardo da Vinci, la «maestra de maestros» es la naturaleza. Los que se inspiran en modelos distintos a ella trabajan en vano.

3. Edificios que respiran, duermen, despiertan y son bellos

Pregunta: ¿Qué porcentaje de la energía que produce el hombre se consume en edificios?

1. 10%

2. 25%

3. 40%

Veamos una estrategia de éxito propuesta por William McDonough[8], que se me hace fascinante: la arquitectura de edificios sustentables.

William es otro gran ser humano que admiro y que te quiero presentar. Es un hombre que ha recibido tres distinciones presidenciales y a quien la revista *Time* ha denominado como «héroe del planeta».

Su lema: *love all children, of all species, for all times*, que significa ama a todos los hijos, de todas las especies, por todos los tiempos.

Él profesa que el edificio del futuro no será estático, sino que será un ente que respira, duerme, se despierta en la mañana y es bello.

Nos señala que los edificios consumen 40% de toda la energía creada por el hombre y pueden tener una vida útil más larga que una vida humana.

Porque vivimos, trabajamos y nos asociamos con otros seres humanos en edificios, forman parte de la fibra misma de nuestras vidas y de la salud del planeta en el cual vivimos.

En un artículo que preparó William para la revista *Fortune,* nos comparte su visión: «los edificios del futuro deben no únicamente ser amables con la naturaleza, sino que la deben imitar». Imagínate un edificio que produce oxígeno, destila agua, produce la energía que consume, cambia con las estaciones… y es bello.

Tomemos por ejemplo los techos de los edificios que actualmente están cubiertos con chapopote y asfalto. Son superficies que absorben el calor y contribuyen a la creación de las islas térmicas en que se han convertido las grandes ciudades, que alteran el clima terrestre y generan esmog. McDonough propone que sembremos áreas verdes en los techos; esto ayudaría a regular la temperatura dentro y fuera del edificio, a proteger el aislante del techo, y permitiría absorber y limpiar el agua pluvial.

Con la tecnología actual, si recubrimos una fachada de un edificio con paneles solares, se puede generar 40% de sus requerimientos de energía. Es cierto que actualmente es mucho más cara la energía generada por celdas fotovoltaicas, pero los costos están bajando rápidamente, y a medida que los gobiernos regulen la producción de gases invernadero, se inyectarán recursos para acelerar su desarrollo e implantación. Analizo más a fondo este tema en el próximo apartado, dedicado a SolarPly.

En su visión, los interiores de los edificios son inteligentes. Cuentan con monitores que detectan la presencia de seres humanos y ajustan temperatura, luz, aire y sonido de acuerdo con los requerimientos de cada espacio y de cada individuo. Su lema: «no hay que calentar o enfriar fantasmas».

En el interior del edificio que describe, hay un gran atrio lleno de plantas y árboles, que sirven para generar oxígeno. Además, de acuerdo con las estaciones, la vegetación va cambiando, dándole vida al edificio.

También se busca que las plantas que dan al exterior sean nativas del lugar. Ayudando así a la preservación del medio ambiente original.

El agua en el edificio es reciclada varias veces para cumplir diferentes funciones. Partiendo de agua potable, se recicla para regar las plantas y finalmente, para descargas de escusado.

En la naturaleza los nutrientes son reciclados una y otra vez. El concepto del edificio ecológico es el mismo, se trata de que todos los materiales de construcción, de manejo de interiores y muebles sean diseñados con el objetivo de que puedan ser biodegradables o ser reenviados al fabricante para su reciclaje o reutilización.

Finalmente, la calefacción y el aire acondicionado representan casi 30% del consumo de energía de un inmueble. Este edificio propone un sistema para complementar los paneles solares, que transfiere calor entre el edificio y el subsuelo, utilizando un sistema que hace circular el calor o el frío a pozos subterráneos que contienen sustancias que los absorben, regresándolos como aire fresco en el verano y aire tibio en el invierno.

Y no es únicamente el edificio, sino todo el concepto de la ciudad. Resulta que las ciudades cubren únicamente 2% de la superficie terrestre, sin embargo, son el hogar de más de 50% de la población.

Al crear espacios más armónicos dentro de las ciudades, que permitan al ser humano convivir más con la naturaleza, se reducirán muchos de los gases emitidos por los autos de las personas que buscan escaparse de la ciudad para tener su pequeño terruño.

Nuestra querida Ciudad de México pide a gritos una solución ecológica. Te invito a que te dejes contagiar por este extraordinario movimiento, que incita a la coherencia sustentable, para que hagamos de nuestra ciudad un hogar digno para todos.

Respuesta: El 40% de la energía que produce el hombre se consume en edificios.

4. Abraza la revolución energética

Pregunta: ¿Con qué frecuencia recibe la Tierra suficiente energía solar para satisfacer las necesidades de la humanidad durante un año?

1. Cada minuto.

2. Cada hora.

3. Cada día.

Visualiza edificios, casas, escuelas, transportes públicos o lo que quieras alimentados por energía solar, gracias a una sencilla pintura que se les aplica, que brinda energía limpia y barata a lo largo del mundo, desde California hasta China, India, Kenia y México.

Ésta es la promesa de una tecnología solar recientemente diseñada: lograr que los países que utilizan energía sucia generada por carbón y petróleo obtengan energía más barata y limpia a través de la implementación de esta nueva nanotecnología solar.

Desde la invención de la primera celda fotovoltaica por Bell Labs, en 1954, el ser humano ha soñado con la posibilidad de aprovechar esta energía abundante y barata. Pero no es sino hasta hoy que finalmente se perfila poder abrazar esta realidad.

La revista *Popular Science* otorgó, en el 2007, el premio a la innovación más importante del año a la empresa Nanosolar, por la invención de un revolucionario sistema de panel solar que usa nanotecnología, llamado SolarPly, que reduce el costo actual de la generación de un vatio de electricidad solar por un factor de diez.

Imagínate un panel solar sin el panel. Simplemente las fotocélulas impresas sobre papel aluminio en una capa tan delgada como una mano de pintura, que absorbe la luz y la convierte en electricidad. Hojas que puedes cortar a la dimensión que quieras y no requieren de ensamblaje.

En la actualidad, el alto costo asociado con la generación de energía solar ha sido su principal obstáculo.

Tradicionalmente, las células solares han requerido de silicio para su fabricación. Un insumo caro, cada vez más demandado y por lo tanto, escaso. Lo que es más, estas fotocélulas tradicionales tienen que ser montadas sobre vidrio, lo que las hace pesadas, frágiles y caras para transportar e instalar.

Los buenos paneles solares actuales cuestan alrededor de tres dólares por vatio de energía que producen.

El umbral para poder competir contra el precio del carbón es de un dólar por vatio producido y esta nueva tecnología promete reducir el costo a treinta centavos de dólar por vatio producido.

Esto se debe a que SolarPly produce fotoelectricidad sin el uso de silicio. La empresa Nanosolar utiliza un novedoso sistema[9] de impresión de tinta de nanofotoceldas solares sobre una hoja flexible de papel aluminio, permitiendo reducir el costo actual de producción a una décima parte del panel solar tradicional. Además, este proceso es muchísimo más rápido y sencillo que el de los paneles tradicionales, que se producen uno a uno. Este nuevo sistema opera a través de la impresión de rollos, con una capacidad de producción de cien metros lineales por minuto.

El primer pedido se entregó el 21 de diciembre de 2007, a una empresa alemana que está construyendo una estación de generación de electricidad solar con capacidad de 1.4 megavatios.

Este nuevo sistema es una verdadera revolución. Antes, la colocación de paneles solares era complicada, pero con esta nueva nanotinta solar, se podrá, en un futuro, imprimir fotocélulas en techos, en ventanas y fachadas de edificios, en los cajones de tráileres que andan por las carreteras, o básicamente donde se te antoje. Como dice Dan Kamen, el director del laboratorio de energía renovable de la Universidad de Berkeley en California, es una revolución de la forma en que vemos la aplicación de la energía solar y cambia para siempre el modelo económico que la tenía encajonada.

Nanosolar ya tiene en operación inicial una fábrica en San José, California, que dentro de poco será la fábrica de paneles solares más grande del mundo, con capacidad de producir 430 megavatios de paneles solares al año; más que la capacidad combinada de todas las fabricas actualmente existentes en Estados Unidos.

Dada su combinación de nanotecnología y energía solar, esta empresa está en la punta de lanza de dos de las industrias más candentes de la actualidad.

Dentro de poco su tinta solar podrá aplicase a cubiertas impermeabilizantes para techos que parecerán chupar energía del aire.

Los dueños de las casas, conectados a las redes tradicionales de electricidad, podrían vender los excedentes de energía generados durante el día, a las compañías de luz, cuando reciban más energía de la que pueden utilizar haciendo retroceder sus medidores, y comprar energía a la compañía de luz en la noche, cuando les haga falta.

El estado de California recientemente lanzó la iniciativa «un millón de techos solares», que da incentivos fiscales para instalar 100,000 techos solares por año, durante los próximos diez años (actualmente hay 30,000 techos solares instalados).

A diferencia de otras empresas, Nanosolar está construyendo fábricas. La primera, de 13,000 metros cuadrados, ya opera en California y una segunda en las afueras de Berlín, de 47,000 metros cuadrados, está por abrir.

El año 2007 podrá pasar a la historia como el año en el cual la humanidad lanzó una alternativa viable para la generación de energía abundante, limpia y barata.

A la fecha, Nanosolar ha recibido fondos por más de 500 millones de dólares y toda su producción está vendida para los próximos cinco años.

Como comenté en el capítulo inicial del libro, «Existe esperanza para el mundo», éste es un claro ejemplo. Sin embargo, hay muchos intereses creados en que las cosas no cambien. Nos toca a ti y a mí ejercer presión sobre las autoridades para acelerar la implementación de sistemas más coherentes de edificación y manejo de energía.

¿De acuerdo?

Respuesta: Cada minuto llega a la tierra suficiente energía del sol para poder satisfacer las necesidades del hombre para todo un año.

5. Únete al turismo sustentable

Pregunta: ¿Qué es el turismo sustentable?

1. Un turismo enfocado a rescatar, promover y enaltecer los valores locales.

2. Un turismo que enseña a convivir y a conservar la naturaleza.

3. Un turismo que busca generar una derrama económica que favorezca tanto a ricos como a pobres.

México es un pais rico en cultura y naturaleza, que son un gran atractivo turístico. Por eso quiero concluir esta sección compatiendo contigo dos casos de turismo sustentable; uno en México y otro en Canadá, que nos pueden servir de guía e inspiración en el desarrollo de una de nuestras industrias más importantes y prometedoras.

Empecemos con México.

Hacienda Santa Rosa en Yucatán, un gran caso mexicano de turismo sustentable

Este es un caso de turismo cultural y de comunidades, conocido también como turismo sustentable. Un nuevo tipo de turismo que está creciendo rápidamente alrededor del mundo y que puede beneficiar mucho a México, porque rescata, preserva y enaltece los valores locales, creando una derrama económica que beneficia tanto a ricos como a pobres.

Es la contraparte del modelo todo incluido, que impera en las costas mexicanas, y que fuera del empleo que genera, brinda pocos beneficios al desarrollo de la comunidad local y al rescate de los valores mexicanos.

Por eso, me llena de orgullo y felicidad compartir contigo un caso de éxito mexicano, de turismo sustentable de clase mundial, que ha sido galardonado por el World Travel and Tourism Council, con el premio «Turismo para un mejor mañana».

Se trata de un nuevo tipo de esfuerzo turístico multidisciplinarlo en la península de Yucatán, respaldado por la Fundación de Haciendas en el Mundo Maya, que reúne a desarrolladores como grupo Plan, hoteleros como Starwood, agencias de viajes como Catherwood Travels, aunados a Sectur, al gobierno del estado y al gobierno municipal.

Es un modelo que involucra a diferentes actores en toda la cadena de valor, creando un modelo sustentable, que yo creo que es un ejemplo a seguir, para llevar nuestra industria turística al siguiente nivel en muchísimas regiones del país.

La Hacienda de Santa Rosa está en el municipio de Maxcanú, en Yucatán. Ahí han desarrollado un pequeño hotel de cinco estrellas, en un municipio donde más de la mitad de la población tiene como lengua principal el maya y el náhuatl, y donde 100% de los empleados del hotel son nativos de la región.

El proyecto inicia con la recuperación de ésta y otras ocho haciendas centenarias en Yucatán y Campeche, cabeceras culturales, económicas y sociales de su región. Joyas de los gloriosos tiempos del henequén.

Por si no conoces el henequén, es una fibra hecha de un tipo de agave, diferente al del tequila, que los mayas utilizaban para hacer cuerdas y bolsas. A principios del siglo XX, el henequén era conocido como el oro verde de México, y la península de Yucatán producía 90% de todas las sogas y bolsas de henequén consumidas en el mundo. Y esta situación continuó hasta después de la Primera Guerra Mundial, cuando se introdujeron las fibras sintéticas, que hicieron decaer su valor.

Entonces, a la par de la restauración de las haciendas, se integran grupos multifacéticos de arqueólogos, historiadores, sociólogos, expertos en aves y plantas medicinales que trabajan con las comunidades locales para desarrollar grandes experiencias turísticas.

Al mismo tiempo, el patronato ayuda en el desarrollo y fortalecimiento de la comunidad, enseñándole cómo crear riqueza a través del rescate de sus raíces, creando artesanías de alta calidad y compartiendo con el visitante los secretos de sus tradiciones milenarias, como la medicina natural maya.

El secreto de este nuevo modelo turístico es involucrar al turista en una experiencia vivencial, que permite a los participantes aprender y crecer.

Bajo este nuevo modelo de turismo, el viajero no es simplemente mimado en la hacienda, sino que crece a través de conocer y vivir la región. Por ejemplo, imagínate que estás en la Hacienda de Santa Rosa y antes de salir a explorar, participas en la preparación de la cochinita pibil, que disfrutarás al regreso de tu expedición con un historiador, que te llevará a ver a través de sus ojos la historia, arquitectura y arte de la ciudad blanca, Mérida.

Al día siguiente vas a descubrir la biosfera de Celestún, acompañado de una experta observadora de aves, que conforme vas avanzando en una lancha te señala y enamora de algunas de las más de 95 especies de aves del lugar, hasta llegar al destino final, el hogar de los majestuosos flamencos rosa.

Y al día siguiente, vives las ruinas de Chichen Itzá, con un experto arqueólogo, que te envuelve con su pasión y sabiduría de la cultura maya, en una experiencia que recordarás el resto de tus días.

El secreto y fuerza de este nuevo tipo de turismo de experiencia, es que no importa qué tanto sepas de la historia de México y de la gloriosa época del henequén, o de los mayas y su inteligencia matemática, astrológica, arquitectónica y herbolaria, o de las diferentes especies de aves que habitan en la biosfera. Aquí lo importante es que el viajero tiene la oportunidad de conocer México a través de los ojos de hombres y mujeres que lo aman y que convierten este conocimiento y amor en experiencias únicas, que sólo se pueden vivir aquí, en este privilegiado lugar de la Tierra.

Ahora, de regreso en la Hacienda Santa Rosa, te reciben Víctor y Martha, oriundos del lugar, que trabajan en el hotel como auxiliares de salud, y te invitan a conocer el bello jardín botánico y museo vivo de la sabiduría maya, que forma parte del patrimonio de la hacienda. Primero te enseñan las plantas aromáticas, después las medicinales, te explican con lujo de detalle cuáles curan padecimientos digestivos, respiratorios y dermatológicos, mientras comparten con orgullo los principios de la milenaria filosofía, ciencia y arte del cuidado de la salud de su pueblo, y su íntima relación entre la mente y el cuerpo.

Después te dispones a ir al *spa* y disfrutar de un masaje que reúne técnicas antiguas y modernas para restaurar la salud, la energía y la belleza, en las que la terapeuta que te atiende es una orgullosa descendiente de un sobador maya, y te aplica un exfoliante hecho con una antigua fórmula maya a base de flores y miel. ¡Wow!

Esto es turismo de verdad. Inteligente y sustentable, que construye un código genético del país, apasionante, diferenciado, único y profundo.

Hoy esta comunidad está recuperando su justo lugar en la amalgama de nuestra patria. Se está poniendo en alto su cultura pasada y presente, gracias a que el visitante tiene la oportunidad y el privilegio de vivir una experiencia bien estructurada con ella.

Por eso creo que este tipo de programas de desarrollos multidisciplinarios, que involucran a fundaciones, empresarios, prestadores de servicios, autoridades y comunidades, son un importante modelo a seguir para desarrollar una próspera industria turística, que rescate y ponga en alto nuestros valores, al mismo tiempo que ofrezca una vida digna para muchos más mexicanos y mexicanas.

Ahora, continuemos con el caso de turismo sustentable de Canadá. Vámonos a Whistler, un pequeño pueblo en las montañas de British Columbia.

Whistler, una ciudad sustentable de la que hay que aprender

Este pueblo sólo tiene 10,000 habitantes, pero recibe más de dos millones de visitantes al año; 47% en invierno y 53% en verano. Su capacidad instalada es de 35,000 visitantes por día y su ocupación promedio anual está por arriba de 80%. Extraordinario.

Por once años consecutivos ha recibido el reconocimiento del mejor *resort* de ski en Norteamérica, de parte de la revista *Skiing*.

Ahora, el momento de la anécdota: En mi último viaje a Whistler fui con mi hija y su amiga al *ecotour* Ziptrek, que combina un paseo ecológico a través de puentes suspendidos entre inmensos pinos milenarios, y un viaje en la tirolesa más larga de Norteamérica.

¡Divertidísimo! Imagínate, fijado a un cable de acero, volando entre dos montañas, con un magnifico río abajo. Específicamente, la tirolesa más larga del recorrido pasa entre las montañas de Whistler y Blackcomb, y mide 335 metros de largo, en la cual alcanzas velocidades de hasta ochenta kilómetros en el recorrido. Es una verdadera inyección de adrenalina, sujetado en el arnés, cuando sueltas las manos, te inclinas hacia atrás, abres los brazos y gritas de felicidad al atravesar el cielo a toda velocidad, como una de las majestuosas águilas de cabeza blanca de este lugar.

Y todo esto en medio de un *tour* ecológico, que abre el corazón y nuestro sentido de responsabilidad social.

Imagínate caminando sobre largos puentes suspendidos entre cada estación de tirolesa, acompañado por jóvenes guías ecológicos, que aman su trabajo y están súper bien preparados.

Siempre me acordaré de una guía llamada Sara, quien me dijo, mientras me señalaba un hermoso lago abajo en el valle:

> Hay que hacer entender a la gente que vivimos en un ecosistema cerrado; esto es, toda la basura que tira un persona por su lavabo aquí en Whistler va a dar al lago, que es nuestra fuente de agua potable, y que tarde o temprano esa basura regresará a su cuerpo a través del agua que consume.

Me pareció una reflexión brillante, aguda y sencilla. Porque, realmente esta explicación es la base de la conciencia ecológica de nuestra unión con la naturaleza, cómo todo lo que hacemos nos afecta para bien o para mal. ¿No crees?

En cada estación de tirolesa, antes de lanzarnos, un guía se turnaba con orgullo para explicarnos la importancia de la ecología y nos daba ejemplos ilustrativos a partir de lo que estábamos viendo.

Por ejemplo, un guía nos decía: «¿ven ustedes ese liquen?, es un tipo de alga que crece en los árboles aquí arriba, porque no hay contaminación. Más abajo, hacia el valle, no puede sobrevivir porque la contaminación lo mata; es muy frágil».

En otra estación nos mostraban las majestuosas águilas de cabeza blanca, y nos explicaban cómo el incremento de diez millones de veces de la presencia de insecticidas en el medio ambiente estaba debilitando la cáscara de sus huevos, que se rompían cuando la mamá águila se sentaba arriba de ellos a empollar, y que esto estaba poniendo en peligro la supervivencia de la especie.

Otro nos enseñó una cueva de oso negro, donde estaba seguramente hibernando uno de ellos, y nos explicó que la naturaleza es tan inteligente, que si la mamá oso no logra comer lo suficiente antes de empezar a hibernar, se interrumpe automáticamente el embarazo. Pero, si sí había comido lo suficiente, entonces seguramente había en esa cueva una mamá oso con su cachorro, que nacería durante la hibernación. Qué fascinante es aprender de la vida en el mismo lugar donde se da…

Finalmente, en la última estación nos enseñaron una gráfica de cómo están creciendo las demandas de recursos de la población mundial y cómo disminuye la disponibilidad, y qué está haciendo Whistler para convertirse en un ejemplo mundial de sustentabilidad.

Al bajar de la montaña me puse a estudiar un poco más sobre Whistler, y aquí está lo que aprendí:

Desde sus inicios en 1975, Whistler se ha desarrollado con el objetivo de alcanzar un triple estado de resultados: económico, social y respeto al medio ambiente. Y fue la primera ciudad en Canadá en recibir la denominación de «municipio turístico» en ese mismo año.

Es importante hacer notar que cuentan con un plan de desarrollo sustentable para 2020. Y cada uno de sus 31 puntos tiene que realizarse en no más de tres a cinco años, ser revisado y avanzar. Incluye puntos de ley, urbanismo y comunicación.

Déjame compartir contigo algunos puntos de ese plan, que se me hacen valiosos y que pueden servir como ejemplo para México:

- Hay programas para crear marcas de productos y alimentos regionales que se mercadean locamente y se exportan al mundo.

- Hay un programa para crear una estructura legal que obligue a toda la ciudad a volverse accesible para minusválidos.

- Hay un plan urbanista para que conforme crezca Whistler, se capitalicen las áreas ya habitadas para construir vivienda mixta, permitiendo hacer un uso más racional de la tierra, capitalizando infraestructura y reduciendo las necesidades de transporte.

- Están haciendo una campaña cívica de mercadotecnia que se llama «Respeta a Whistler», para concientizar y educar a toda la población en normas y éticas de conducta.

- Han iniciado una campaña de reciclaje para evitar el uso de plásticos en la ciudad, que promete ser la más agresiva en el mundo. Quieren que sirva como ejemplo e inspiración al resto de la humanidad.

- Están creando un súper centro de información en Internet para que el visitante encuentre todo lo que necesita en un solo lugar.

- Y planean crear el cargo de *Ombudsman*, para velar por la coherencia y viabilidad del proyecto, ante gobierno y ciudadanía.

Sin duda la sustentabilidad es un tema importante.

Reflexiona sobre tu interacción con el mundo y la naturaleza, y sobre cómo puedes hacer el bien y que te vaya bien. Apunta en tu cuaderno todas las ideas que te vengan a la mente; después depúralas y conviértelas en planes de acción.

Respuesta: El turismo sustentable abarca los tres conceptos.

5

Pon la tecnología a trabajar para ti

Es fácil, rentable y muy divertido.

1. ¿Cómo acertar en el próximo producto a ofrecer?

Pregunta: ¿Qué es un motor de aproximación?

1. Un instrumento que utilizan los aviones para aterrizar.

2. Una nueva metodología de ligue entre chavos y chavas.

3. Un sistema de cómputo que sugiere nuevos productos.

Ahora, quiero compartir contigo una serie de casos y recomendaciones para capitalizar toda la fuerza de la tecnología.

Empecemos con un extraordinario caso de éxito japonés que está revolucionando el comercio en ese país. Su fundador, Muneaki Masuda, quiere ser el agente de confianza de cada hombre, mujer y niño en Japón, y lo está logrando. Es una persona a la que, desde sus inicios en 1984, le fascinó el poder de la tecnología y se convirtió en un experto en minería de datos.

Hoy, tiene una cadena de 1,200 tiendas de música, video, videojuegos y libros llamada Tsutaya, que genera 60% de todas sus ventas a través de motores de aproximación.

Un motor de aproximación, que sugiere a los clientes nuevos productos que le podrían interesar, funciona con base en un análisis de los productos que ha comprado y cruza esta información con los productos que han comprado otros clientes con gustos similares.

Vender 60% a través de las recomendaciones que le hace la empresa al cliente de los productos que piensa que le interesaría comprar, es algo inusitado en el mundo de los negocios. Normalmente, si una empresa le acierta a 5%, máximo 10% de los próximos productos a ofrecer a los clientes, es muchísimo.

Por lo tanto, esta empresa tiene una ventaja de 1,000% sobre sus competidores más cercanos y es apenas el inicio de una opción mucho más grande.

¿Cómo lo hizo?

Partió de la visión de que es necesario establecer una relación de 360 grados con el cliente. Reconoció que tenía que haber coherencia entre todos los puntos de contacto entre el mundo físico y el virtual.

Sin duda, uno de sus logros más importantes es que hoy, su sistema de cómputo está perfectamente integrado entre sus 1,200 tiendas con Internet. Está ligado a la red celular DoCoMo (i-mode), que es la más importante red inalámbrica de Internet de Japón y que cuenta con más de cuarenta millones de usuarios.

A través de i-mode, los clientes pueden usar Internet para comprar, apartar productos y revisar inventarios en las tiendas.

Una de sus principales herramientas comerciales es que manda cien millones de revistas electrónicas a su base de subscriptores cada mes. Esto permite tomar el pulso de qué categorías están creciendo, menguando o cambiando a través del tiempo, y también permite enviar todo tipo de información promocional a una extensa base de clientes cautivos.

Ahora, estas revistas no son convencionales. Se trata de publicaciones altamente personalizadas. Dado que tiene una base de datos de todo lo que ha comprado el cliente, y de todos los productos que ha revisado, mas no ha comprado, esto le permite crear revistas electrónicas extremadamente precisas de acuerdo con el perfil de los intereses del cliente. Tienen revistas de libros, películas, música y videojuegos.

Ahora bien, cuando a ese conocimiento le añadimos el poder de un motor de aproximación, adquirimos un músculo comercial nunca antes visto.

Déjame darte más información. Su motor de aproximación de películas maneja 47 características en la categoría de películas para poder hacer una recomendación más acertada. Por ejemplo, en películas de guerra, si al cliente le gustan aquellas muy explícitas, con pedazos de humanidad volando por todos lados, hay un tipo de recomendación; si son simplemente películas de guerra sugestivas y románticas, el motor arroja recomendaciones muy distintas. Es precisamente esta capacidad de adquirir un conocimiento profundo del consumidor, la que está en el corazón del verdadero *marketing* de punta.

Imagínate, mientras el resto del mundo está tratando de descifrar lo que quiere el cliente, Masuda ha creado un mecanismo que puede predecir con gran precisión el próximo producto a ofrecer.

Insisto, hoy el conocimiento de sus clientes es diez a veinte veces mayor que el de sus competidores, dándole una ventaja de mil a uno en contra de la competencia. ¡Wow!

También usan cupones promocionales que son otra fuente formidable de negocio, porque no los manda a ciegas, sino que los ofrece a la persona correcta en el momento preciso. Al igual que las revistas electrónicas, los cupones están perfectamente segmentados. Y no se requiere imprimirlos. Sólo presentas la carátula de tu teléfono al cajero y ya está. Algunos cupones van con las revistas electrónicas y otros van por fuera. Alrededor de 100,000 son redimidos al mes, creando una poderosa campaña de retención.

Gracias a su sistema de inteligencia, Tsutaya sabe que los usuarios de cupones van a la tienda 22% más que el promedio y gastan 7% más.

Pero no se queda ahí. Busca deleitar al cliente a través de una atención personalizada.

Si compraste el CD, libro, película o videojuego de algún artista y sale uno nuevo, inmediatamente te hablan o te mandan un mensaje electrónico, dependiendo de cuál es tu medio preferido para que se comuniquen contigo, para decirte que ya llegó y que te han apartado una copia.

Si el artista viene de gira por tu ciudad, te informan y hasta te compran el boleto para asistir al concierto, si así lo deseas.

Las tiendas físicas son otro aspecto fundamental en su estrategia de 360 grados. Aquí, él no contrata gente con base en su aptitud, sino con base en su actitud. Contrata a gente que quiere a la gente y esto hace toda la diferencia.

Además, cada tienda es decorada y personalizada de acuerdo con el perfil de su mercado. Tienen desde tiendas para *emos* y *darketos* en el centro de Tokio, hasta tiendas muy sofisticadas en la zona residenciales *chic* y de clubes. Y las tiendas están abiertas de siete de la mañana a cuatro de la mañana del día siguiente.

Masuda explica que Japón es un país próspero y por lo tanto la gente busca algo más que lo básico. Busca una experiencia memorable. En un futuro quiere crecer a 3,000 tiendas y estar a diez minutos de todo hombre, mujer y niño en Japón.

Su próximo paso: crear una red de afiliados para ser el agente de confianza universal de todos sus clientes y poder añadir valor a todos los aspectos de su vida.

Detengámonos un momento para pensar en este concepto. Quien tiene el mayor conocimiento de los gustos de cliente, es el que está mejor preparado para satisfacer sus necesidades. Si a esto le sumamos motores de aproximación, podemos convertirnos en su agente de confianza en un sinnúmero de ámbitos.

Actualmente, Masuda tiene como clientes a 18 millones de japoneses que cargan su tarjeta Tsutaya, que les da acceso a las 1,200 tiendas.

Ahora está en una agresiva campaña para añadir afiliados a su sistema. Su visión de futuro es que en vez de que los japoneses tengan diez tarjetas en su cartera, sólo tengan una. Aquella que los entienda y que tenga la capacidad de apoyarlos y brindarles las recomendaciones inteligentes que le añadan valor a todos los aspectos de su vida.

Actualmente ya tiene afiliados 25,000 puntos de compra adicionales como restaurantes, gasolineras, hoteles, aerolíneas, tiendas de deporte, almacenes de ropa, etcétera.

Tiene un objetivo claro, entender mejor que nadie los gustos e intereses de la persona, a través de los libros y revistas que lee, las películas que ve, los videojuegos que juega, la música que escucha, para convertirse en el agente de confianza en otros aspectos que son importantes para él o para ella en su vida.

Sin duda éste es un gran caso. Nos enseña la importancia de ser coherente en todos los puntos de contacto: tienda, Internet, servicio a clientes, comunicación. Y también nos enseña el poder de la tecnología, cuando es aplicada correctamente.

Te invito a pensar en tu caso particular e imaginarte cómo puedes tomar ejemplo de estas prácticas y aplicarlas a tu negocio.

Empieza por pensar si contratas a tus colaboradores por aptitud o actitud. Recuerda que se nace con la actitud y que la aptitud siempre se puede enseñar. Cada persona nace con determinadas características. El trabajo del ejecutivo es saber hacer un buen empate entre la personalidad y el puesto.

Otro punto es la integración de la experiencia dentro y fuera de línea. ¿Cómo vas? ¿Tus clientes viven una misma experiencia a través de todos los puntos de contacto, o cada punto de contacto parece ser una empresa diferente?

Finalmente, cómo están tus sistemas de mercadotecnia y ventas. Este es el terreno del futuro. Hay que aprender a integrar alta sensibilidad humana, con sistemas de cómputo poderosos.

Respuesta: Un motor de aproximación es un sofisticado sistema de cómputo que sirve para sugerirle al cliente nuevos productos que le podrían interesar.

2. Un nuevo nivel de servicio

Pregunta: ¿Qué es un mayordomo cibernético?

1. Un elegante mozo que anda en patines.

2. Un robot doméstico.

3. Un programa de cómputo que te ayuda a organizar tu vida en la red.

Un buen ejemplo de mayordomo cibernético es TiVo, una empresa que ofrece un sistema de grabadora digital de video a disco duro, DVR (*digital video recorder*), que está modificando la forma de ver televisión. En México un sistema acotado de TiVo es ofrecido por Cablevisión.

TiVo surgió en 1997 y es la pionera en su industria. Hoy tiene 3 millones 600 mil usuarios que ven la tele de otra forma. Las acciones de TiVo no van muy bien, porque su servicio es caro en comparación con las empresas de televisión por cable que están ofreciendo servicios similares a una fracción del precio. Sin embargo, acaban de hacer una alianza estratégica con Virgin Media y ésta puede ofrecer el impulso que necesita para llevar su servicio al próximo nivel, bajo el nombre de ViVo.

Sin embargo, lo que nos interesa no es tanto la empresa, sino el modelo que sin duda pasará a la historia como el que revolucionó la forma de ver televisión.

Algunos de sus atributos:

• TiVo permite grabar hasta seiscientas horas de programación.

• Puede grabar dos programas mientras ves un tercero.

• Puedes poner pausa a un programa en vivo y regresar luego a ver el programa donde lo dejaste.

• Permite programar desde la grabación de un capítulo, hasta la serie completa.

• Uno de sus atributos interesantes es que te permite buscar programas para grabar por palabra clave como: Penélope Cruz, Brad Pitt, chocolate o calentamiento global. A partir de ahí, el sistema recorre los quinientos canales disponibles y busca todos los programas que concuerdan con el criterio.

Y todo esto es apenas es el comienzo. Cuando esto se pone interesante es cuando sabes que el sistema recuerda todos los programas que bajaste y viste, así como los que bajaste y no viste, y también los que viste a medias. Poco a poco empieza a aprender tus gustos y a recomendarte programas que no tenías en tu radar, pero que considera que podrían gustarte. También puedes acelerar el proceso si tú calificas los programas de acuerdo con tus preferencias.

Usa los sistemas de recomendaciones de Amazon y Netflix, que son sus socios en Estados Unidos para la compra y renta de películas.

También se puede conectar el dispositivo a todo tipo de aparatos móviles como iPods, consolas Playstation móviles y teléfonos celulares. Aquí empieza la verdadera revolución.

Con la introducción del Internet inalámbrico, estamos viendo diferentes tipos de mayordomos cibernéticos surgir por todos lados.

Por ejemplo, hay mayordomos cibernéticos relacionados con la salud. Ya existen relojes ligados a Internet, para pacientes con problemas cardíacos. Éstos tienen un dispositivo en su banda que toma constantemente tu pulso. Permite detectar las señales que emita el cuerpo antes de que se produzca un infarto, para dar aviso a tu médico y que él o ella puedan intervenir a tiempo.

También ya existen calcetines para diabéticos, con liga a Internet, que miden del calor del cuerpo y logran adelantarse a cuadros delicados, antes de que ocurra una crisis.

Y no hay que perder de vista que todos estos ejemplos son precarios. Porque en los años por venir todos tendremos nuestros mayordomos cibernéticos, que serán nuestros mejores aliados para guiarnos a través de esta jungla cada vez más densa de información, y ayudarnos a encontrar lo que necesitamos fácilmente.

El desarrollo del mundo de los mayordomos cibernéticos ofrece la esperanza de la mercadotecnia de verdad; poder llegar a la persona correcta, con el mensaje preciso, en el momento oportuno, asegurando la satisfacción del cliente y un rendimiento óptimo de la inversión publicitaria.

Sigamos hablando de mayordomos cibernéticos. Ahora, veamos un caso que he estado siguiendo durante diez años, que es un maravilloso ejemplo de cómo la tecnología puede añadir verdadero valor a la vida de sus usuarios.

El caso es OnStar, de General Motors, un negocio que está creciendo y es rentable, basado en la renta de un sistema de seguridad, comunicación, navegación y diagnóstico para tu automóvil.

Lleva trece años en el mercado y cuenta con más de cinco millones de suscriptores a escala mundial. Recientemente entraron a México con una versión reducida del sistema, que se llama GM Link y se lanzó en autos Chevy en 2009.

Lo valioso de este sistema es que se ha enfocado en pocas cosas y las está haciendo, a mi forma de ver, muy bien.

El sistema, en Estados Unidos, está hecho de cuatro componentes:

• Un sistema muy sofisticado de sensores en todo el auto.

• Un sistema de localización satelital GPS.

• Un teléfono manos libres.

• Un servicio de operador en vivo las 24 horas, los 365 días del año.

A inicios de 2010, el servicio estándar cuesta 19 dólares al mes y el servicio premium 29 dólares.

Analicemos cada uno de los componentes. Empecemos por ver cómo funciona la navegación:

Lo echas a andar oprimiendo el botón azul OnStar, ubicado debajo del retrovisor; entonces el sistema te conecta con un asesor de OnStar.

Le dices al asesor de OnStar a dónde necesitas ir y él envía a tu vehículo direcciones paso a paso de cómo llegar.

Sólo tienes que escuchar las direcciones habladas. No tienes que tocar mapas o tomar el celular. Las indicaciones te llegan a través del sistema de audio del auto. Todas las indicaciones llegan con anticipación suficiente para que te prepares a seguirlas. Y si estás escuchando la radio, el sistema automáticamente baja el volumen cuando entra una nueva instrucción.

Ahora veamos los diagnósticos tipo autos Fórmula Uno.

El sistema de diagnóstico realiza 16,000 pruebas y te manda un correo electrónico cada mes para decirte cómo va tu vehículo. Revisa los frenos y la presión de las llantas, ayudándote a ahorrar mucho dinero en gasolina, manteniendo las llantas a la presión correcta. Te indica la vida útil del aceite, para que lo cambies de acuerdo con tu forma de manejar y no en función del tiempo, como se hace normalmente. Verifica las bolsas de aire, el motor y el sistema de transmisión, entre muchas cosas más.

También, como conocen el kilometraje del auto, se ligan con su empresa de seguros y te venden el seguro de daños a mitad de precio si manejas menos de 7,500 kilómetros al año.

El tercer punto, y el más importante, es la seguridad y el apoyo oportuno en caso de emergencia.

El auto cuenta con un sistema avanzado de seguridad en caso de accidente, que notifica automáticamente al centro de comando si se detecta la activación de bolsas de aire o un choque. Gracias al sistema de localización satelital, el operador puede saber dónde estás.

El operador llama al vehículo para saber en qué estado se encuentran el conductor y los pasajeros, y ofrece asistencia telefónica. Si no responde el conductor, el operador avisa al servicio de emergencia.

Viene lo realmente extraordinario. El auto está equipado con una serie de sensores que permiten conocer la velocidad del impacto, el lugar, la trayectoria del automóvil después del impacto y si se encuentra volcado.

Esto ayuda a hacer una evaluación mucho más precisa de la severidad del accidente y a solicitar el apoyo de ambulancia y paramédico correctos.

Se estima que este servicio aumenta en 25% la probabilidad de sobrevivir a un accidente severo.

El hecho de poder anunciarle a los paramédicos y a los doctores qué tan severas son las lesiones del accidentado y de qué tipo son, es un factor crítico, porque el cuerpo no reacciona igualmente si el choque es de lado, de frente o por detrás. Y esta información es de vital importancia para saber cómo aplicar los primeros auxilios de camino al hospital.

Otros servicios que ofrecen son: apertura de puertas por control remoto; activación de luces y bocinas a control remoto, para ayudarte a encontrar tu auto; asistencia para localizar vehículos robados, que también baja el costo del seguro; asistencia en el camino, asesor virtual; reporte de tránsito; cartelera de cine; restaurantes, cajeros automáticos (ATM), gasolineras, hoteles, guía telefónica. Incluso, si estás indispuesto, te mandan un taxi o llaman a un familiar o amigo para venir a buscarte.

Te invito a reflexionar sobre tu producto o servicio; ¿cómo podría un mayordomo cibernético apoyarte para mejorar la experiencia del cliente?

Respuesta: Me gusta la imagen del elegante mozo en patines, pero realmente es un programa de cómputo que te ayuda a organizar tu vida en la red.

3. Cómo construir una campaña política ciudadana en Internet

Pregunta: ¿Qué porcentaje de la campaña presidencial de Barack Obama fue financiada por el gobierno de Estados Unidos?

1. 100%

2. 50%

3. 0%

En una sociedad democrática, el quehacer político es vital. Por eso creo que vale la pena tomar un momento para analizar la campaña de Barack Obama, que fijó una nueva forma de hacer política, la cual sin duda pasará a la historia como la primera campaña política ciudadana de tiempos modernos.

Por ejemplo, fue la primera vez en la historia de Estados Unidos, que un candidato presidencial declina el financiamiento público.

Al ser nominado por el Partido Demócrata, Obama declaró que no quería ni el financiamiento ni los candados que conllevaba.

Le pidió a la gente que creyera. Que creyera no únicamente en él y su habilidad para generar cambio... sino que creyera en sí misma, en su poder y su capacidad para organizarse y juntos cambiar la historia del país.

Algunos datos relevantes:

Fue la primera gran campaña cibernética de la historia. Tuvo y sigue teniendo una presencia sin precedentes en los principales sitios sociales como MySpace, YouTube, Flickr, Twitter y Facebook.

Un dato que muestra una forma diferente de pensar de Obama, es que su director de nuevos medios de comunicación, Chris Huges, tenía sólo 24 años. Chris es uno de los creadores de Facebook, red social que en 2010 superó los cuatrocientos millones de usuarios.

Y fue precisamente esta ruptura con la forma tradicional de hacer política la que lo llevó a lograr niveles de recaudación y movilización sin precedentes.

Imagínate, se registraron más de un millón y medio de voluntarios a través del sitio myBarackObama.com. Y formaron 35,000 grupos de voluntarios que realizaron más de 200,000 eventos para promover al candidato y recaudar fondos.

Otro dato revelador es que generó la campaña de recaudación de fondos más exitosa en la historia de Estados Unidos, y que 83% los fondos se recaudaron a través de Internet. A diferencia de las campañas tradicionales de recaudación, en las que el político pasa la charola entre empresarios ricos, que muchas veces colaboran más por compromiso que por convicción, en el caso de la campaña de Obama se generaron más de quinientos millones de dólares de financiamiento a través de 6,500 millones de dólares en donaciones, hechas por 3 millones de donantes.

Un dato muy importante es que de esas donaciones, 90% fueron por montos menores a mil pesos. Eran donaciones hechas por gente común y corriente, como tú y yo, que aportaron en promedio más de una vez.

Éste es un hecho sin precedentes, que definió en buena parte el éxito de su campaña. Hay que entender que cuando estas personas donaron, hicieron mucho más que simplemente dar dinero. Se comprometieron y empeñaron su ser en el éxito de la campaña.

A lo largo de la contienda, Obama generó una base de datos de correos electrónicos personales de trece millones de personas, a las que mandó más de 7,000 mensajes diferentes, segmentados por variables como región, perfil o tamaño de donativo. En total se entregaron más de mil millones de correos electrónicos.

Obama se convirtió en estrella de YouTube, donde más de 21 millones de personas vieron sus videos.

También generó una base de datos de tres millones de teléfonos celulares, a cambio de prometer a sus seguidores que ellos recibirían las primicias de la campaña, antes que los medios.

Y durante las últimas semanas de la contienda también se convirtió en la figura número uno de Twitter.

Al establecerse como estrella de los sitios sociales logra una fuerza sin precedentes. La gente se identifica con él, lo sienten cercano. Se convierte en un amigo que participa en foros de discusión, publica fotos y videos. Y alrededor de ello se crea un movimiento. Una causa.

Llegó a tener más de seis millones de seguidores en Facebook. Y el día de la elección más de 5 millones 400 mil de ellos fueron al sitio para confirmar que habían votado y a motivar a sus amigos a hacer lo mismo. ¿Qué político no soñaría con una cohesión de grupo así?

Sin duda esta campaña nos enseña una nueva forma más humana, participativa e inteligente de hacer política.

A los dos días ser electo, lanzó el sitio change.gov (cambio.gob) para seguir en contacto con el electorado. Y hoy está utilizando la fuerza en las redes sociales que creó para invitar a la ciudadanía a organizarse y trabajar junto con él sobre temas fundamentales como el futuro del sistema de salud.

¿Qué te parece? A mí se me hace una extraordinaria lección en política, enfoque en el ciudadano y construcción de redes ciudadanas.

Piensa, ¿cómo puedo aplicar estos principios a mi negocio?

Respuesta: 0%, la campaña de Barack Obama no recibió dinero del gobierno federal estadounidense.

4. La gran oportunidad cibernética

Pregunta: ¿Qué tan importante y qué tan difícil es tener tu propio sitio en Internet?

En México, a finales de 2009, había 27,500 millones de internautas, es decir, 25% de la población. Esto nos da una penetración urbana de personas mayores a quince años de edad de más de 40%. Y si esta cifra la vemos en relación con la población que tiene ingreso discrecional y que puede comprar nuestros productos y servicios, el número crece a más de

80%. Si al mismo tiempo vemos que menos de 5% de las empresas tienen una presencia adecuada en Internet, estar aquí es importantísimo.

¿Qué tan difícil es? Dar de alta un dominio y hospedar una página sencilla en Internet te cuesta, en México, sólo cien pesos al mes. Si no sabes diseñar añádele otros mil pesos para que otro le dé forma y la ponga en línea. Puede ser la mejor inversión que hagas en mucho tiempo, porque te lanzará a formar parte del medio de más rápido crecimiento en el mundo.

Imagínate. Más de 85% de las PyMES no tienen un dominio de Internet. Y sin embargo, cada día más personas están buscando información en la red y la gran mayoría de las empresas mexicanas no están ahí. Si tú logras posicionarte como la autoridad en tu giro, tendrás una verdadera ventaja competitiva.

Tener tu propia página te ofrece una serie de beneficios: te posiciona como un experto. Construye tu marca. Te permite ampliar tu mercado. Crea un medio de servicio y venta que trabaja para ti las 24 horas, los 365 días del año. Te genera una base de datos de clientes y prospectos. Y te da la gran oportunidad de aprender y crecer.

¿Por dónde empezar?

Primero, hay que empezar con el fin en mente: entre más orientado estés a solucionar problemas para tus clientes y prospectos, más éxito tendrás. Internet es un medio para construir relaciones y generar confianza.

El objetivo primario de tener un sitio de Internet es convertir a los visitantes en amigos, de amigos a clientes potenciales y después en clientes reales.

No pierdas de vista que un bello sitio que no convierte al visitante en amigo, es inútil.

El 99% de la gente que visita un sitio, no regresa. No tiene que ver si el sitio es bueno o no. El problema es que muchos ni saben cómo llegaron y no sabrían como regresar, aunque quisieran.

Por eso es indispensable engancharlos para que te den su correo electrónico ofreciéndoles algo de valor.

Por ejemplo, si eres un plomero, por qué no ofrecerles una guía práctica para extender la vida de su calentador. Si tienes un salón de belleza, un reportaje de los peinados ganadores de un importante certamen o los cortes que prefieren las estrella: nacionales e internacionales. Y si eres un contador, por qué no ofrecerles: las cinco preguntas clave que debe hacer para contratar al contador que usted necesita.

Vivimos en un mundo sobresaturado de información. Sin embargo, si una persona llegó a tu sitio es porque está buscando lo que tú ofreces. Darle una perla de tu conocimiento te establece como un experto en la categoría. Y al darte su dirección de correo electrónico, te autorizan a comunicarte con él o con ella.

Existen muchos diferentes formatos de sitios. Éstos son los siete formatos más populares. Al leerlos, piensa en cuál te conviene más para la creación de tu sitio:

1. El folleto. Se parece al que ya tienes de tu negocio, sólo que ahora está en Internet. Es el que menos me gusta porque no aprovecha las virtudes interactivas del medio, pero es mucho mejor que nada.

2. El convertidor de correos electrónicos. Éste busca que el visitante te dé su dirección a cambio de que le mandes información valiosa.

3. La carta de ventas de una página. Ésta recobra toda la sabiduría de la mercadotecnia directa y, si se une con la anterior, es poderosa y efectiva.

4. El menú de servicios. Este formato enlista tus servicios y da una breve descripción de cada uno.

5. La asesoría o encuesta. Aquí les ofreces a los visitantes una evaluación gratuita de sus competencias con relación al tema

que manejas. Funciona simplemente contestando una serie de preguntas. O les invitas a participar en una encuesta de la que les genere curiosidad el resultado. Obviamente, te tienen que dar su correo electrónico para recibir la respuesta de la asesoría o encuesta.

6. El portal. Éste es el más complicado y menos indicado para la mayor parte de nosotros, porque maneja muchísima información. Normalmente está diseñado para dar información sobre varios productos y servicios que ofrece la empresa. Para la mayoría de nosotros no aplica y causa confusión.

7. El *blog*. Viene de *web log* o bitácora en Internet. Una encuesta reciente de usos y hábitos de Internet en México señaló que 20% de los internautas tienen o leen blogs regularmente. Es el medio del futuro, porque a diferencia del folleto electrónico, que es un monólogo estático, el *blog* es un diálogo dinámico.

Su debilidad es que requiere de actualización continua para mantener el interés de la comunidad.

En mi caso, uso el formato de menú de servicios, con convertidor de correos y el *blog*. Y precisamente el tener varias ligas a diferentes fuentes de información me hace aparecer hasta arriba en los motores de búsqueda como Google.

Un par de últimas consideraciones. Una vez que lo tengas, pon la dirección de tu sitio en todas partes, en las tarjetas de visita, en los uniformes de tus empleados, en los vehículos utilitarios, en la folletería y las facturas, etcétera.

Y finalmente, si de plano no te interesa aprender una nueva tecnología, entonces contrata a alguien que lo haga por ti.

Respuesta. Tener un sitio *web* es muy importante y sencillo. Actualmente, hay 1,800 millones de personas conectadas a la red, esto es 24% de la población mundial.

5. Publicidad a través de motores de búsqueda. ¡Hay que estar ahí!

Pregunta: ¿Después de Wikipedia, cuál es el sitio de referencia más importante en Internet?

1. La Enciclopedia Británica en línea.

2. Ask.com.

3. Preguntas Yahoo!

A diferencia de Wikipedia, que ofrece un trabajo enciclopédico, respuestas Yahoo! se basa en la dinámica de foros de discusión, en los que una persona plantea una pregunta y el auditorio responde, discute y profundiza. Las preguntas van desde qué opinan los participantes de algún producto, por ejemplo, ¿son buenos los autos Volkswagen? o ¿qué opinan de las agencias de viaje de American Express?, o hasta problemas mucho más personales de jóvenes como «mi madre no me cree que no soy virgen». Realmente, se generan unas dinámicas muy interesantes aquí.

Un estudio reciente de la empresa de investigación Jupiter Research encontró que 50% de las personas que acuden a Internet para informarse, confían en lo que escriben otros consumidores como ellos en los *blogs* y en los foros de discusión, tanto como si fueran amigos cercanos quienes los estuvieran aconsejando.

Esto significa que se está dando una nueva dinámica de conversación a través de los *blogs*, que se está convirtiendo en una nueva y poderosa modalidad de publicidad de boca en boca.

Puede ser que muchos anunciantes no se den cuenta, pero todos los días los clientes y prospectos están deliberando en línea y definiendo el posicionamiento actual de las empresas, sus productos y sus posibilidades de éxito en el futuro. Por eso es tan importante hacer una pausa el día de hoy, para analizar este nuevo fenómeno desde un ángulo comercial.

Ya desde hace algunos años existe en Internet un modelo de publicidad través de motores de búsqueda, que permite llegar a la persona correcta, con el anuncio indicado, en el momento preciso.

El precursor y líder de este tipo de publicidad en Internet es la empresa Google, que hoy vende miles de millones de dólares de colocación de anuncios a través de su servicio llamado AdWords, que permite al anunciante desplegar su publicidad al lado de los resultados del buscador. Por ejemplo, si una persona ingresa en el buscador la palabra contadores, en el resultado de la búsqueda aparecen hasta arriba el Colegio de Contadores y el Instituto de Contadores, y al lado aparecen los anuncios generados por AdWords de diferentes despachos contables.

A diferencia de los *banners*, que son ventanas que interrumpen y que se imponen en la página, los anuncios de AdWords son más discretos y buscan desplegar sólo texto, con información que posiblemente pueda interesar a esa persona.

Con base en este mismo principio, otras empresas han empezado a ofrecer ligar anuncios en función de las conversaciones en los *blogs* y sitio de redes sociales.

Por ejemplo, la empresa de publicidad BuzzLogic de San Francisco, California, ha desarrollado una herramienta que sigue las conversaciones a través de 12 millones de diferentes sitios y *blogs*.

Su motor de búsqueda y análisis sigue estas conversaciones para tratar de entender lo que realmente está pasando en el mercado, y a partir de esa información crear y desplegar anuncios que podrían interesar a los participantes. Luego, con base en cuántas personas hacen *click* sobre los diferentes anuncios, los modifica y cada vez mejora la eficacia y la eficiencia.

Sin embargo, para que el anunciante pueda capitalizar este nuevo medio, tiene que entender que los *blogs* y los sitios sociales son más íntimos que los medios masivos, y que están compuestos de personas que comparten gustos y necesidades similares.

Sin duda, hoy es más fácil que nunca llegar a la persona correcta, con el producto indicado, en el momento preciso; sin embargo, si el anunciante interrumpe inoportunamente la conversación de un grupo de amigos, tratando de venderles su producto o servicio, el resultado puede ser contraproducente. Porque ahora, su falta de tacto se volverá el tema de conversación y hablarán mal de él y de su producto en éste y otros foros.

Se ha encontrado que la publicidad que funciona en este tipo de situaciones son las campañas altamente interactivas o entretenidas.

- Por ejemplo, BMW fue de las primeras empresas que creó comerciales para Internet, con formato de mini películas de acción que hacían del auto el héroe. Eran realmente muy entretenidas, por lo que la gente las buscaba y las veía con gusto.

- Otro ejemplo es la empresa fabricante de zapatos New Balance, que creó un juego donde los cibernautas invitan a amigos a correr contra ellos, y los ganadores en estas carreras virtuales obtienen trofeos que pueden ser convertidos en efectivo para comprar zapatos.

Sin duda, ya llegó el momento de llevar a la publicidad y la comunicación al próximo nivel. Te invito a profundizar en estos nuevos medios y a construir campañas cada vez más inteligentes, precisas y entretenidas, que sean al mismo tiempo oportunas y relevantes.

Respuesta: De acuerdo con la empresa de investigación de mercado comScore, el sitio de referencia más importante del mundo después de Wikipedia es respuestas Yahoo!, que tiene más de sesenta millones de usuarios registrados y más de 65 millones de respuestas catalogadas.

6. LinkedIn: la red social de negocios

Pregunta: ¿Cuál es la red social de negocios en Internet más grande del mundo?

1. LinkedIn.

2. MySpace.

3. Facebook.

Las redes sociales siempre han sido importantes. Y ahora, con Internet se han convertido en la mejor forma para relacionarse, conseguir información de personas y empresas, hacer negocios e incluso buscar trabajo. Tienes que entenderlas y aprender a usarlas para sacarles todo el provecho que ofrecen.

Te invito a inscribirte a LinkedIn.com, la red social de negocios más grande del mundo. Es gratis y cuenta con más de sesenta millones de inscritos, de más de doscientos países, entre ellos una base muy nutrida de ejecutivos mexicanos.

A diferencia de sitios sociales como Facebook y MySpace, que son generales, LinkedIn está hecho para profesionistas y dueños de negocios.

Su objetivo es conectar a la comunidad profesional del mundo, permitiendo a sus participantes compartir información, promoverse a sí mismos y a sus negocios, y buscar u ofrecer empleo.

Un poco de historia.

La empresa fue fundada en 2003, y desde 2006 ha crecido explosivamente, convirtiéndose en uno de los sitios más exitosos a nivel mundial. Actualmente, se suscribe un millón de personas cada quince días, o sea, una persona cada dos segundos. Un dato relevante es que la edad promedio de los inscritos es de cuarenta años. Es decir, la mitad de los miembros tienen más de cuarenta y muchos de ellos ocupan puestos de alta dirección.

Además, ya estamos viendo a varias empresas importantes invertir en LinkedIn. En octubre de 2008 se hizo una nueva ronda de capital y aportaron, entre otras empresas, la casa de bolsa Goldman Sachs, la editorial McGraw-Hill y la empresa de *software* de negocios SAP.

Su modelo de negocio se basa en un servicio básico gratuito. La empresa gana dinero a través de publicidad y de paquetes de servicios más avanzados. El servicio gratuito te permite simplemente contactar con las personas que conoces y a través de ellas conectarte al resto de la red, mientras el servicio pagado te permite contactar con cualquier miembro de la red en forma directa.

En cuanto al idioma, dado que el español es el idioma más usado en Internet después del inglés y el chino, LinkedIn lanzó en julio de 2008 una versión del sitio en español, que hoy ya cuenta con más de dos millones de usuarios.

¿Cómo funciona?

Funciona con base en la creación y explotación de perfiles profesionales o empresariales. Cuando te inscribes, el sistema te va guiando a través de una serie de preguntas para ayudarte a completar tu perfil. Si nunca has hecho un currículum, seguir las indicaciones paso a paso te permite construir una reseña de tu experiencia y capacidades muy bien estructurada.

Es importante entender que un perfil bien hecho es la clave del éxito en este sistema. Porque una persona que está considerando hacer negocio contigo, estará influenciada por la calidad y la estructura de tu perfil, por lo que dicen otras personas de ti en él y también por la calidad y cantidad de tu red de amigos y asociados.

La idea es que cualquier persona que se interese en ti, pueda ver una semblanza descriptiva de qué estás haciendo en este momento y cuánto tiempo llevas en esa actividad. También que pueda conocer tu experiencia pasada, detallando empresas, logros y fechas, tu educación, testimoniales de gente que te conoce y recomienda, cuántas personas tienes en tu red de contactos, tu sitio *web* y tu *blog* si los tienes, tus intereses, los grupos y asociaciones a los cuales estás inscrito, honores y premios recibidos, y qué te interesa obtener de los contactos en LinkedIn. Por ejemplo, ofertas para dar consultoría, ofertas de trabajo, referencias, volver a estar en contacto, desarrollo de nuevos negocios, etcétera.

Simplemente, para darte un ejemplo, veamos la extraordinaria ventaja que te da participar en una red social, cuando estás buscando empleo.

Al estar inscrito y haber establecido una red compuesta de compañeros con los que fuiste a la escuela o a la universidad, de colegas de tu trabajo actual y de trabajos anteriores, de proveedores, de amigos de asociaciones y de grupos de interés común, cuentas con músculo logístico impresionante.

Ahora, cuando quieras analizar o contactar una empresa, simplemente escribes su nombre en el buscador y el sistema te da el número total de empleados de esa empresa inscritos a LinkedIn, y te dice si alguna de las personas en tu red trabaja o ha trabajado en esta empresa, al igual que te ofrece noticias sobre la empresa y, si es una empresa pública, información sobre sus valores en bolsa.

Pero no se queda ahí, el sistema también te indica quiénes en tu red tienen contactos en esa empresa y específicamente con qué ejecutivos. Y si nadie en tu red directa tiene contacto, te dice si alguno de los conocidos de tus conocidos tiene alguna relación. ¡Extraordinario!

Imagínate la fuerza de estas nuevas redes sociales como LinkedIn; el poder ser presentado a través de uno de tus contactos cercanos a uno de sus contactos cercanos. Nunca antes ha existido algo tan eficiente para rápidamente extender tu alcance a un mercado de prospectos altamente calificados.

Y es un mecanismo exponencial. Digamos que tu red está compuesta por 130 amigos y colegas directos. Pues a través de ellos y sus contactos puedes llegar a más de 25,000 personas, y a través de sus amigos y colegas puedes llegar a más de dos millones.

El sistema también funciona perfectamente al revés. Imagínate que alguien te quiere ofrecer empleo o hacer negocio contigo. Puedes investigar a la empresa o persona para saber muchísimo sobre ella. Puedes leer su perfil, contactar a personas o proveedores que tienen o han tenido experiencia ahí. Es poderosísimo.

Si aún no estás ahí, inscríbete e inicia tu carrera como cibernauta. Es un viaje a un universo maravilloso.

Respuesta: La red social de negocios más grande del mundo es LinkedIn, con sesenta millones de participantes. Facebook, por su parte, tiene cuatrocientos millones de usuarios, por lo que es la principal red social de amigos.

7. Descubre lo mejor de las redes sociales: apoyo humano cuando más lo necesitas

Pregunta: ¿Por qué participa la gente en redes sociales?

1. Por dinero.

2. Por diversión.

3. Por apoyar a otros seres humanos.

Ahora veamos el caso del Hospital General de Massachusetts. El hospital de cabecera de la Universidad de Harvard, que según la revista *US News & World Report* está entre los cinco mejores hospitales de la Unión Americana.

Hace un par de años, la Fundación Kaiser y la Escuela de Medicina de Harvard hicieron una encuesta a pacientes enfermos de cáncer, y se encontró que más de uno de cada cuatro se quejan de que los doctores sólo se ocupan del tratamiento médico, y descuidan el aspecto humano. Los doctores, al conocer la percepción de los pacientes, argumentaron que su capacidad estaba rebasada y que ocuparse del aspecto humano era demasiado. Un hallazgo no sorprendente, pero sí preocupante.

Y este hallazgo demostraba que se estaban quedando cortos respecto a lo que declaraba su misión, que era escuchar y atender las necesidades de los pacientes y sus familiares, brindándoles los mejores servicios de salud, en un ambiente seguro y humano.

Por lo tanto, se dieron a la tarea de buscar una solución y decidieron hechar mano del poder de las redes sociales. Específicamente implantaron CarePages, un sistema de apoyo a través de *blogs*, diseñado para atender las necesidades emocionales de los pacientes, familiares y amigos, antes, durante y después de la hospitalización.

¿Cómo funciona?

Cuando un paciente va a ingresar al hospital, se le comenta de CarePages y se le insta a utilizarlo. A continuación, se le da una serie de instrucciones sencillas para registrarse y crear su mini sitio personal.

Una vez publicada su página, el paciente puede actualizar lo que está pasando en su vida, e incluso subir fotos. Y cada vez que el paciente actualiza su información o sube una foto, sus familiares y amigos son avisados para que acudan a la página. Aunque es un sistema sencillo, fácil de implementar, este servicio ha ayudado a elevar la satisfacción de los pacientes de 70 a 88%.

Por ejemplo, muchos de los pacientes dicen que este servicio es maravilloso, porque les evita estar repitiendo una y otra vez la misma información a cada persona que llama al hospital para saber como están. Señalan que, aunque aprecian el interés de sus familiares y amigos, este proceso de estar constantemente repitiendo lo mismo llega a ser desgastante.

Ahora, el paciente cuenta su historia una vez para que todos los interesados la conozcan y puedan apoyar y comentar sobre cosas concretas. Con CarePages, todos están en la misma página y con la misma información.

Otra parte fundamental del sistema es un área de apoyo, en la cual los amigos y familiares pueden escribir y decirle al paciente cuánto lo quieren y lo mucho que desean que se recupere rápidamente. Una interacción que se convierte en una poderosa medicina para el convaleciente.

Otra cosa importante, es que este tipo de nuevas redes sociales sobre Internet ofrecen la oportunidad para que muchas personas, que antes no podían comunicar sus buenos deseos, ahora lo puedan hacer.

Pero el sistema va mucho más allá de simplemente amigos y familiares.

Posiblemente, el aspecto más poderoso de estos nuevos sistemas, que están revolucionario el mundo de la Medicina, son las comunidades que se están creando a su alrededor, que brindan información y apoyo al paciente y sus familiares, en el momento en el cual más lo necesitan.

El apoyo de otros seres humanos con el mismo padecimiento es importantísimo. Su conocimiento, sensibilidad y disposición para ayudar es vital.

Y esto no aplica únicamente para el paciente, sino también para sus familiares. Imagínate el apoyo para un familiar, cuyo ser querido sufre de demencia senil, un derrame cerebral o un infarto. El apoyo y sabiduría de otros, que han vivido o están viviendo la misma situación, ofrece un soporte que difícilmente pueden brindar doctores, amigos y familiares.

También el sistema incluye una serie de *blogs* de personas que se han abierto al mundo y ofrecen su experiencia y apoyo a quien lo necesite. Por ejemplo, uno de los *blogs* más leídos en el sistema se llama «el día que me diagnosticaron cáncer», donde diferentes personas relatan ese momento en su vida y cómo han hecho para enfrentarlo. Y no cabe duda que los casos de lucha son inspiración para todos.

Otro dato importante lo revela la revista *Newsweek*, en un artículo sobre los aspectos terapéuticos de escribir un *blog*. Resulta que escribir es una forma extraordinaria de aclarar la mente y procesar emociones. Además, abrirse y comunicar sus sentimientos, temores y esperanzas, conecta con el ser humano y crea un poderoso mecanismo que genera solidaridad, simpatía y compasión.

También muchos pacientes con padecimientos largos dicen que lo más terrible de la enfermedad no es el aburrimiento o el dolor, sino el sentimiento de estar aislados y el contar con un *blog* que los conecta al mundo es realmente importante.

Yo estoy convencido que un componente importante del futuro de la Medicina va a radicar en la fuerza de las comunidades.

Por eso, te exhorto a profundizar en las virtudes de las redes sociales y a pensar en cómo podrías tú implementar este tipo de estrategias enfocadas a la salud, que se ocupan de la persona completa.

Sin duda encontrarás en ellas una forma poderosa, económica y efectiva para capitalizar el gran espíritu de cooperación del mexicano y colaborar para la construcción de una sociedad más participativa, solidaria y saludable.

Respuesta: La gente puede participar en redes sociales para ganar dinero y para divertirse; sin embargo, el fondo de las redes sociales es humano. Es la conexión con otras personas. Es el poder dar algo de ti, que hace el mundo mejor.

8. Conviértete en el agente de confianza en tu industria

Pregunta: ¿Dónde existe la mayor oportunidad para destacar, para ti, en este momento?

1. A través de un blog.

2. A través de un sitio.

3. A través de un boletín electrónico.

Por primera vez en la historia de la comunicación, cada uno de nosotros tenemos la posibilidad de crear nuestro propio medio directo, que es al mismo tiempo barato, rápido, flexible y poderoso.

Yo crecí en el mundo de la mercadotecnia directa, en el que aprendí, con empresas como American Express, que enviar regularmente un boletín informativo es la mejor forma de construir una relación duradera con los clientes.

Quince años después, este principio sigue tan vigente como siempre, sólo que ahora existe la posibilidad de hacer boletines sobre esteroides. Gracias a Internet desaparece el costo de impresión y de envío. Si antes costaba de tres a cuatro pesos imprimir y mandar cada boletín, hoy, por correo electrónico, capturar y distribuir uno, cien o un millón de boletines te cuesta lo mismo: ni un centavo.

¡Y el precio no es el único beneficio!

- El boletín electrónico permite al lector responder instantáneamente, estableciendo una conversación que acelera el proceso de venta.

- Es fácil agrupar a los inscritos por gustos y necesidades, para mandarles información personalizada que sea útil y relevante para ellos.

- Es medible; puedes ver quién abrió qué correo y qué ligas visitó.

- También, es un excelente medio de publicidad de boca en boca, porque al que le gusta el boletín, lo puede reenviar con facilidad.

- Y la participación y retroalimentación de la audiencia permite aprender y constantemente perfeccionar la estrategia.

En realidad, es una oportunidad sin precedentes en la historia de la comunicación, para fortalecer tanto a empresas pequeñas como a grandes consorcios.

Simplemente hay que construirla. Y regresaré a esto en un momento.

En un capítulo anterior te hablé acerca de los motores de búsqueda, que son sin duda extraordinarios.

Sin embargo, el correo electrónico sigue siendo el medio más utilizado en Internet. Específicamente, 60% de los cibernautas dicen que lo utilizan diariamente y que a través de él reciben la mayor parte de su información en línea.

Por lo tanto, es mucho más fácil alcanzar a tu cliente o prospecto a través de correo electrónico, a que visite tu página o *blog*.

Otra consideración. Conforme pase el tiempo los motores de búsqueda, que hoy son conocidos como «los nuevos medios», se convertirán en parte de los medios tradicionales, y debido a la ley de la oferta y la demanda, se volverán cada vez más comerciales y caros. Y los pequeños anunciantes que no pueden pagar una posición especial, se perderán entre las miles de páginas de registros que arrojan los buscadores.

Entonces, si realmente quieres aprovechar la fuerza de Internet, ponte ya a captar listas de clientes y prospectos.

Es una oportunidad de oro para consolidarte y crecer. Porque si aprendes a desarrollar relaciones sólidas con clientes y prospectos, que te conocen, te quieren y te respetan, será mucho más difícil que la competencia te suplante con tácticas de promoción y precio.

¿Entonces, si es tan importante, por qué no todos lo están haciendo?

Pues resulta que el modelo comercial de la sociedad industrial funcionaba casi exclusivamente sobre tácticas de adquisición. La gran mayoría de las campañas eran para abrir mercados o recuperar clientes perdidos.

Hacer un boletín implica desarrollar otras habilidades. Requiere ser escrito y publicado sistemáticamente. Y como la mayor parte de los directores comerciales no recibieron formación en esta disciplina, lo ven como una distracción y no como una parte fundamental de la nueva mercadotecnia. ¡Qué malo para ellos y qué bueno para ti!

¿Por dónde empezar?

Recuerda lo que vimos en el capítulo «La gran oportunidad cibernética». Lo primero que debes hacer cuando publiques tu sitio, es ponerle un recolector de correos electrónicos. Aun si no piensas publicar un boletín de inmediato, ponte a recolectar direcciones. Recuerda que son tu mina de oro.

Para ver cómo funciona un recolector de correos electrónicos, puedes visitar mi sitio, kroupensky.com. Verás cómo te invito a suscribirte a mi *podcast* y cómo después te mando un correo electrónico pidiéndote que confirmes tu deseo de recibir mi boletín.

Es importante entender que para que funcione una campaña de mercadotecnia directa participativa, tenemos que asegurarnos de comunicarnos únicamente con gente que nos quiere escuchar y que nos ha dado permiso de entrar en contacto con ella. Esto hace la diferencia entre el correo chatarra, inoportuno y molesto, y el correo deseado, que es bienvenido y construye una relación.

Finalmente, escribir un boletín es más fácil de lo que imaginas. Algunas ideas:

- Ofrece información actualizada de tu industria. Hay mucha información disponible. Es fácil de conseguir y la gente la valora mucho.

- Comparte testimoniales de clientes satisfechos.

- Fotos de tus últimos trabajos.

- Preguntas de clientes que respondieron tus ejecutivos.

- O qué tal un descuento especial de tu empresa, para que tus inscritos se lo manden a sus amigos.

No cabe duda que estamos entrando en una nueva era comercial que requiere desarrollar nuevas habilidades. Te invito a descubrir el fascinante mundo de la mercadotecnia participativa, a desarrollar tus habilidades de editor y aprender a generar contenido relevante, profundo y con garra, que añada valor a la vida de tus clientes y prospectos, posicionándote como el agente de confianza en tu industria.

Como acabas de ver, Internet es una magnífica herramienta para potenciar tu negocio tantas veces como ideas se te ocurran. No la desaproveches. ¡Arriésgate!

Respuesta: Actualmente el camino más corto para destacar es a través de la creación y difusión de tu boletín electrónico vía correo electrónico. Por eso, me gustaría concluir esta sección con una recomendación de cómo convertirte en el agente de confianza de tu industria en la era digital.

Tercera parte
Conclusiones

3

Conclusiones

El trabajo nos llama a trascender.

Quiero agradecerte de todo corazón el haberme acompañado en este recorrido por algunos temas que considero necesarios para llevar una vida plena y triunfar en los negocios.

Hagamos una pequeña recapitulación de lo que hemos visto.

Todo empieza con uno mismo. Hay que comenzar por hacer de nosotros mismos una persona que podemos respetar y amar. Y los principios bien cimentados son la base de una vida plena, exitosa y feliz.

El trabajo de crecer tiene su ciencia. Hay que aprender a dominar el ego, entender que el fin no justifica los medios y que la reciprocidad es la piedra angular. Hay que adquirir buenos hábitos y, sin duda, hacer ejercicio es uno de ellos, porque nos llena de fuerza, salud y alegría, al mismo tiempo que nos permite combatir el estrés.

Otro punto que vimos, fue cómo afrontar el miedo y liberarnos del rencor. ¡Qué tema tan importante! Si no has hecho los ejercicios que te recomendé en estos capítulos, y sientes que te pueden ser de utilidad, regresa a ellos y hazlos. Hay que liberarnos de esos fantasmas que nos consumen, para ser todo lo que podemos y debemos ser.

No olvides la fuerza de la risa. Dios nos regaló la risa como una extraordinaria forma de liberarnos de tensión, mejorar nuestra salud física y mental, y conectar con otros seres humanos. Recuerda que si nos relajamos, las personas a nuestro alrededor también se relajarán. La vida es mucho más sencilla de lo que nos imaginamos. Quiere y déjate querer.

Después revisamos la visualización del éxito. Aquí también es importante que aprendamos a capitalizar la fuerza de la mente y educarla a trabajar para nosotros. Como todo en la vida, es una relación de dar y recibir. Primero, hay que estar preparados para recibir el éxito y así podremos ver las oportunidades que se nos presentan a diario.

Como fuente de inspiración, te presenté a varios grandes seres humanos que han sido guías en mi vida y espero que también lo sean para ti. Pero la fuente de inspiración y guía está en todas partes. Por ejemplo, tenemos un pequeño perro en casa y yo lo llamo mi gurú. Porque todos los días me da una lección de vida. Siempre está de buen humor. Y a diferencia de los seres humanos que tenemos que trabajar para ganarnos la vida, este pequeño perro se gana con creces su sustento a través de su buena vibra y el gusto que le da. No cabe duda que el buen humor y el agradecimiento son una fórmula mágica para que nos vaya bien en la vida.

La última parte del libro trató sobre los principios empresariales y cómo triunfar en los negocios, en la actualidad. Empezamos por analizar diferentes casos y principios para convertirte en un gran director. Vimos varios ejemplos de empresas que están haciendo las cosas bien. Te recomiendo acudir regularmente a ellas para comparar tus estrategias de negocio con las de las mejores empresas del mundo.

Vimos la importancia de poner al ser humano en el centro de tu negocio y cómo aprender a escuchar y buscar llevar a cabo negociaciones ganar-ganar.

Después entramos en un tema fundamental: la sustentabilidad y nuestro compromiso para construir negocios que permitan heredarle a los hijos, de los hijos, de nuestros hijos un mundo viable.

Y como vimos, aquí hay todo para hacerlo. Simplemente hay que crecer ante la exigencia y convertirnos en seres humanos coherentes.

Finalmente, dimos un pequeño recorrido por Internet. El gran facilitador del mundo actual. También te ofrecí algunas fórmulas sencillas para convertirte en un cibernauta y aprovechar recursos como LinkedIn y la creación de tu propio sitio, con su boletín, que te establezca como el agente de confianza de tu categoría.

Te deseo mucha suerte en esta nueva y apasionante travesía. Y gracias nuevamente por dejarme ser parte de tu éxito.

Por favor, escríbeme si tienes preguntas y también déjame saber cómo te va con la implementación de las ideas de este libro. Y para que siempre nos mantengamos en contacto, intégrate a mi red de amigos y contactos en LinkedIn en linkedin.com/pub/dir/mac/kroupensky y suscribiéndote a mi *podcast* en kroupensky.com, o a mi *blog* en kroupensky.wordpress.com.

Notas

[1] Esta cifra no incluye muertos generados por conflictos internos como revoluciones, terrorismo o narcotráfico.

[2] Para consultar la aplicación de este principio en la empresa, ve los capítulos «Descubre por qué el estímulo económico no es siempre la mejor solución» e «Inicia una revolución positiva en el trabajo» en la sección de «Principios profesionales».

[3] Además, puedes ver una película sobre Leonardo en YouTube: youtube.com/watch?gl=GB&hl=en-GB&v=IQ9ar3X_u1k

[4] Puedes leer en línea el libro del doctor Maltz, en la siguiente dirección: scribd.com/doc/3272569/Maxwell-Maltz-Psicocibernetica

[5] Si te interesa más información sobre la doctora Elisabeth Kubler-Ross, puedes visitar la página elisabethkublerross.com/Spanish/index.html

[6] Puedes escuchar a Dan Pink en ted.com/talks/dan_pink_on_motivation.html

[7] Para saber más sobre biomimética puedes visitar el sitio biomimicryinstitute.org/

[8] En TED puedes ver a William McDonough ted.com/index.php/talks/William_mcdonough_on_cradle_to_cradle_design.html

[9] En el portal de videos YouTube puedes observar el proceso para generar electricidad youtube.com/match?v=-XIL9BgPZX0

Bibliografía

ANDERSON, Ray, 2009, *Confessions of a Radical Industrialist*, Estados Unidos: St. Martin's Press.

ARIELY, Dan, 2008, *Predictably Irrational: The Hidden Force That Shape Our Decisions*, Estados Unidos: HarperCollins.

ARNOLD, David J., marzo 2003, «Zara», Estados Unidos: Harvard Business School.

BENYUS, Janine, 1998, *Biomimicry: Innovation Inspired by Nature*, Estados Unidos: Perennial.

BUCKINGHAM, Marcus, 2007, *Go Put Your Strenghts to Work: 6 Powerful Steps to Achieve Outstanding Performance*, Estados Unidos: Free Press.

CAPRA, Fritjof, 2007, *The Science of Leonardo: Inside the Mind of the Great Genius of the Reinassance*, Estados Unidos: Doubleday.

COOPERRIEDER, David L. Y WHITNEY, Diana, 2005, *Appreciative Inquiry: A Positive Revolution in Change*, Estados Unidos: Berrett-Koehler Publishers.

COVEY, Stephen, 2004, *The 8th Habit: From Effectiveness to Greatness*, Estados Unidos: Frog Ltd.

FRANKL, Viktor, 2005, *El hombre en busca de sentido*, España: Herder.

FRIEDMAN, George, 2009, *The Next 100 Years: A Forecast for the 21st Century*, Estados Unidos: Doubleday.

GELB, Michael, 2006, *Atrévase a pensar como Leonardo da Vinci: siete claves para ser un genio*, España: Punto de Lectura.

GLADWELL, Malcolm, 2008, *Outliers: The Story of Success*, Reino Unido: Little, Brown & Co.

HAMEL, Gary y Bill, Breen, 2007, *The Future of Management*, Estados Unidos: Harvard Business School Press.

HAWKENS, Paul, 1994, *The Ecology of Commerce: A Declaration of Sustainability*, Estados Unidos: HarperBusiness.

«Informe anual», 2008, España: Inditex.

KUBLER-ROSS, Elisabeth y David, KESSLER, *Lecciones de vida*, España: Javier Vergara Editor.

KURZWEIL, Ray, 2005, *The Singularity Is Near: When Humans Trascend Biology*, Estados Unidos: Penguin Books Ltd.

KURZWEIL, Ray y Ferry, GROSSMAN, 2004, *Fantastic Voyage: Live Long Enough to Live Forever*, Reino Unido: Rodale.

LEYDEN-RUBINSTEIN, Lori A., 1999, *The Stress Management Handbook: Strategies for Health and Inner Peace*, Estados Unidos: Keats Publishing.

MALTZ, Maxwell, *Psicocibernética*, España.

McDONOUGH, William, 2006, «Tower of Tomorrow», revista *Fortune*, en: money.cnn.com/popups/2006/fortune/future_tower/index.html

McDONOUGH, William y Michael, BRAUNGART, 2002, *Cradle to Cradle: Remaking the Way We Make Things*, Estados Unidos: North Point Press.

PINK, Daniel, 2005, *A Whole New Mind: Moving form the*

Information Age to the Conceptual Age, Estados Unidos: Riverhead.

PINK, Daniel, 2009, *Drive: The Surprising Truth About What Motivates Us*, Estados Unidos: Riverhead.

PORT, Michael, 2006, *Book Yourself Solid*, Estados Unidos: Wiley.

PORT, Michael y Elizabeth, MARSHALL, 2008, *The Contrarian Effect: Why It Pays (Big) to Take Typical Sales Advine and Do the Opposite*, Estados Unidos: Wiley.

Proyecto del Milenio. http://www.unmillenniumproject.org/

REICHHELD, Fred, 2006, *The Ultimate Question*, Estados Unidos: Harvard Business Press.

SLYWOTZKY, Adrian J. y Karl, WEBE, 2007, *The Upside: The 7 Strategies for Turning Big Threats into Growth Breakthroughs*, Estados Unidos: Crown Business.

STARK, Meter B. y Jane, FLAHERTY, 2003, *The Only Negotiating Guide You'll Ever Need: 101 Ways to Win Every Time in Any Situation*, Estados Unidos: Broadway.

SUROWIECKI, James, 2005, *The Wisdom of Crowds*, Estados Unidos: Anchor.

TRACY, Brian, *Success Mastery Academy*, Estados Unidos.

TAPSCOTT, Don y Anthony, WILLIAMS, 2006, *Wikinomics: How Mass Collaboration Changes Everything*, Estados Unidos: Portfolio.

WALTON, Sam, 1993, *Made in America*, Estados Unidos: Bantam.

WIKER, Benjamin, 2008, *10 Books That Screwed Up The World: And 5 Others that Didn't Help*, Estados Unidos: Regnery Press.

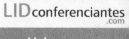